Léna Situations, biographie sans filtre

filtre

Notre Casey Neistat en mieux fringuée

Julien Bramorel

Chapitre 1 – Les racines (1997–2013)

Une enfance à Paris : entre héritage familial et horizons personnels

Léna Mahfouf naît à Paris le 19 novembre 1997, dans une ville qui, sans le savoir, allait devenir l'un des décors récurrents de son œuvre future. Son enfance se déroule dans cet entrelacs d'immeubles, de trottoirs et de fenêtres où les histoires se croisent à chaque coin de rue. Paris, dans ses vidéos, n'est pas une simple toile de fond. C'est une ville vivante, vibrante, faite de détails, de lumière, d'ombres, de passants. Mais bien avant que la caméra ne commence à tourner, Léna y grandit avec, en filigrane, deux héritages : celui de sa famille, et celui d'un regard déjà en éveil.

Son père est algérien, sa mère est franco-algérienne. La culture du foyer est multiple, mais elle n'est jamais vécue comme une fracture. Au contraire, l'identité de Léna se construit dans un métissage tranquille, un brassage assumé où la richesse des origines nourrit la liberté du regard. Cette familiarité avec les codes hybrides — entre France et Algérie, entre tradition et modernité — forgera chez elle une capacité d'adaptation rare, que l'on retrouvera plus tard dans sa faculté à passer d'un univers à l'autre, d'une mode de luxe à une blague filmée en jogging.

Elle grandit dans une famille où l'on parle, où l'on échange, où l'on vit à voix haute. L'humour y est omniprésent, le second degré aussi. Ce goût pour le verbe, pour le jeu, pour la légèreté en surface et la justesse en profondeur, s'inscrit très tôt dans son éducation. Elle développera plus tard un sens du montage qui mime presque cette parole vive : des vidéos découpées comme des conversations, où l'on saute d'une idée à une autre avec la vivacité d'un repas en famille. Cette dynamique se retrouve jusque dans sa gestuelle à l'écran, toujours mobile, spontanée, presque dansée.

L'école, pour elle, est un lieu social plus qu'un lieu d'épanouissement intellectuel. Elle s'y sent à sa place, mais sans excès de zèle. Elle observe, elle écoute, elle note les détails. Très vite, elle comprend qu'elle ne sera jamais de celles qui se satisfont d'un cadre rigide. La créativité ne s'exerce pas dans les marges du cahier, mais dans les marges de la réalité. Elle commence alors à documenter, à écrire, à tester. Pas encore devant une caméra, mais déjà dans son imaginaire. Le monde devient un matériau.

Adolescente, elle vit une double tension : celle d'une jeune fille qui veut s'insérer dans la norme — être appréciée, intégrée, reconnue — et celle d'une future artiste qui sent que la norme n'est pas faite pour elle. Ce tiraillement ne la bloque pas, il la propulse. Elle essaie des tenues, modifie des objets, transforme son apparence. Tout devient prétexte à création. Le miroir n'est pas un lieu de jugement, mais un espace de composition. Elle y teste des rôles, y mesure des angles, y invente déjà des personnages.

La chambre devient un théâtre d'essais. Elle y photographie ses tenues, y filme des séquences, y parle à un public imaginaire. Internet est déjà là, mais elle n'est pas encore "Léna Situations". Pourtant, l'idée d'une vie racontée, mise en scène, partagée, est en train de naître. C'est l'époque des blogs, des skyblogs pour certains, des Tumblr pour d'autres. Elle observe ce monde-là avec curiosité. L'envie de raconter sa propre vie en images devient de plus en plus concrète.

Son rapport à la mode émerge aussi très tôt. Mais là encore, ce n'est jamais une mode copiée, plaquée, ou achetée à la lettre. C'est une mode bricolée, détournée, personnelle. Elle pioche ici et là, assemble, déconstruit. C'est déjà une forme d'expression. Pas pour plaire, mais pour dire quelque chose. Léna ne s'habille pas pour être regardée, mais pour se regarder autrement. Ce rapport à l'apparence, non comme fin mais comme moyen d'expression, sera au cœur de son univers.

Dans cette période fondatrice, il n'y a pas encore de "public". Juste un entourage, une famille, quelques amis, une ville, un environnement immédiat. Mais tout ce qui fera Léna Situations est déjà là en germe. Le regard, le rythme, l'énergie, le goût du détail, l'attention aux autres, la volonté de créer avec les moyens du bord, de faire beaucoup avec peu, et surtout, de ne jamais tricher. Cette exigence de sincérité, qui traversera toutes ses créations, est née dans cette enfance-là.

C'est une enfance parisienne, mais pas une enfance bourgeoise. Elle connaît les limites, elle les observe, parfois elle les défie. Elle apprend à composer avec les contraintes : de lieu, de moyens, de perspectives. Et c'est précisément cette capacité à transformer des contraintes en moteurs qui fera d'elle une créatrice redoutable. Rien ne lui est donné. Tout est construit. Tout est pensé. Pas à pas, sans raccourci.

Avant même de penser à devenir célèbre, Léna apprend à se raconter. Et cette enfance n'est pas un décor lointain qu'elle oublierait une fois exposée. Elle y revient sans cesse, dans ses vidéos, dans ses références, dans ses anecdotes. Paris est encore là, dans ses pas, dans ses plans, dans ses silences. C'est cette fidélité au point de départ, à l'enfance vécue non comme un passé mais comme un langage, qui fait de son parcours une trajectoire profondément ancrée, profondément honnête.

L'adolescence comme laboratoire d'image et de style

L'adolescence de Léna Mahfouf ne ressemble pas à une parenthèse floue ni à une période de transition anodine. Elle constitue, au contraire, un véritable laboratoire. Un espace d'expérimentation où l'identité se teste, s'affirme, se remanie, parfois plusieurs fois par jour. Ce n'est pas un âge subi, mais un âge travaillé. Léna ne traverse pas cette période en spectatrice : elle en fait une matière. Elle observe, elle transforme, elle imagine. Tout devient surface d'essai, du miroir de la salle de bain au fil d'actualité Instagram encore balbutiant.

Dans le lycée parisien qu'elle fréquente, elle n'est ni effacée ni exubérante. Elle est de celles dont on remarque le style avant même de connaître le prénom. Chaque tenue raconte une intention. Chaque coiffure est un message. Elle ne cherche pas seulement à être "jolie" ou "tendance". Elle cherche l'effet, le décalage, la justesse personnelle. Elle n'a pas peur de l'excès, mais elle refuse le conformisme. L'adolescence est pour elle un terrain de création visuelle, et sa propre apparence devient une interface narrative.

C'est aussi durant cette période qu'elle découvre les codes de l'image contemporaine : les débuts de YouTube comme espace personnel, les blogs mode, les plateformes où l'on peut enfin montrer ce que l'on crée, ce que l'on pense, ce que l'on est. Elle comprend très vite que l'image n'est pas qu'un miroir : c'est un langage. Un moyen de prendre la parole sans attendre qu'on la lui donne. Le style vestimentaire, les postures, les textes, les photos — tout cela devient un discours. Un discours sans professeur, sans note, sans censure.

Elle commence à documenter ses tenues, à capturer des moments, à construire des débuts de narration. Pas encore sous forme de vidéos publiées, mais dans son téléphone, dans ses carnets, dans sa tête. Elle regarde beaucoup. Elle note les enchaînements de plans dans les séries, les dialogues dans les films, les couleurs d'un coucher de soleil qu'elle aimerait retrouver un jour dans une vidéo. L'adolescence devient une formation empirique à la création visuelle. Il n'y a pas d'école pour cela. Mais il y a un regard qui se forme, un œil qui s'éduque, une voix intérieure qui se renforce.

Léna n'a pas encore de caméra professionnelle, ni de communauté. Mais elle a déjà l'obsession du détail, la recherche de rythme, l'envie de raconter. Ses amis deviennent parfois des figurants improvisés, les rues de son quartier des décors spontanés, les silences de la nuit des moments d'introspection qu'elle confiera plus tard à l'écran. Elle teste des cadrages, même sans filmer. Elle imagine des titres, même sans publier. Tout est déjà là, à l'état brut.

C'est aussi le moment où elle commence à comprendre que créer, ce n'est pas seulement produire quelque chose de joli. C'est se confronter à un regard extérieur, à une critique possible, à un jugement. Et plutôt que de s'en protéger, elle s'y expose. Volontairement. Parce qu'elle pressent que cette exposition, si elle est bien tenue, peut être une force. Elle n'attend pas la validation pour oser. Elle ose pour mieux comprendre ce qu'elle veut dire. Cette audace la distingue déjà.

Le style devient donc, à cette époque, un outil de pensée. Elle ne s'habille pas simplement pour s'intégrer ou se démarquer. Elle s'habille pour chercher, pour poser une question, pour tenter une réponse. Le vêtement devient un récit muet. Chaque jour, elle compose. Elle assemble des couleurs, elle mélange des matières, elle détourne des pièces. Ce n'est pas de la mode au sens classique, c'est de la narration textile. Plus tard, ce regard particulier fera d'elle une référence dans l'univers fashion, précisément parce qu'il est né dans cette liberté adolescente, loin des podiums.

Elle comprend également que la cohérence visuelle n'est pas un carcan, mais une signature. Déjà, elle commence à se fabriquer une esthétique. Ce n'est pas conscientisé comme une "ligne éditoriale", mais cela en a tous les traits. Elle aime les couleurs franches, les contrastes doux, les mises en scène faussement spontanées. Elle ne théorise pas encore, mais elle sent. Et ce que beaucoup apprendront plus tard dans des écoles de design, elle l'expérimente à l'instinct, dans sa chambre, devant une glace, avec trois bouts de tissu et une playlist en fond.

À mesure que les années avancent, sa confiance en elle se construit par la création. Ce n'est pas une assurance sociale ou scolaire, c'est une assurance de sens. Elle sait pourquoi elle crée. Pas pour plaire. Pas pour vendre. Pour comprendre le monde. Pour trouver sa place. Pour faire du bruit avec du beau. L'adolescence, chez elle, n'est pas une crise : c'est une montée en puissance. Une montée douce, mais irrésistible. Et déjà, tout est prêt pour que le passage à l'écran se fasse sans rupture.

Ce laboratoire d'image et de style, qui aurait pu rester un simple jeu d'adolescente, devient une méthode. Une manière d'être au monde. Une manière de s'inscrire dans la société sans se diluer en elle. Une manière de dire : "Je suis là, à ma façon." Ce que Léna Situations offrira plus tard à des millions de spectateurs, elle l'a d'abord construit dans ce huis clos intérieur, cette période précieuse où l'on se cherche sans encore se trouver, mais où chaque tentative laisse une trace, une direction.

Premiers pas vers la vidéo : le lycée comme théâtre expérimental

Avant même qu'elle ne décide de lancer sa chaîne YouTube, Léna commence à faire de la vidéo comme d'autres tiennent un journal intime. Ce n'est pas encore un projet structuré ni une ambition professionnelle. C'est un besoin. Un besoin de capturer, de conserver, de recomposer. Au lycée, alors que beaucoup enregistrent des souvenirs de fêtes ou de vacances, elle, elle commence à penser en plans. Elle filme les gestes, les silences, les transitions. Elle coupe, elle assemble. Elle ne cherche pas à documenter la vie : elle cherche à en proposer une version qui aurait du style, du rythme, une forme.

Léna n'a pas encore d'outil professionnel. Mais elle a déjà le réflexe du montage. Ses premières vidéos sont bricolées sur des logiciels rudimentaires, souvent sur son téléphone ou sur un ordinateur partagé. Elle découvre par tâtonnements ce qu'est une timeline, une transition, une piste sonore. Ce n'est pas une formation académique, c'est une pratique d'urgence, de passion. Elle apprend vite, très vite, parce qu'elle a une intuition du rythme que peu possèdent. Une scène trop longue, une coupe mal placée, une musique en décalage — elle le sent immédiatement. Et elle recommence. Encore et encore.

Le lycée devient alors, pour elle, un laboratoire discret. Non pas dans les cours eux-mêmes, mais dans les interstices du quotidien scolaire. Les couloirs, les récréations, les sorties de classe deviennent des moments d'observation. Elle repère des mimiques, des postures, des dialogues qui pourraient être réutilisés. Elle n'est pas une élève distraite, elle est une élève en veille. Chaque situation peut devenir un extrait. Elle vit dans le réel, mais avec le regard de celle qui pourrait en faire une scène.

Elle commence à filmer ses amis, parfois même à les diriger. Elle organise des petites séquences, elle rejoue des conversations. Rien n'est sérieux, et pourtant tout est déjà pensé. Les plans s'enchaînent, les sourires sont sincères, mais le montage les sublime. Léna découvre qu'il ne suffit pas de capter un moment : il faut savoir le révéler. Et le montage devient ce révélateur. Elle comprend que c'est là, entre les images, que se fabrique l'émotion. Pas dans ce qui est montré, mais dans la manière dont c'est montré.

C'est aussi au lycée qu'elle commence à mettre en place une esthétique qui lui est propre. Les vidéos ne sont pas encore publiques, mais elles ont déjà une cohérence visuelle. Les couleurs sont douces, les ambiances sont lumineuses, les transitions sont dynamiques sans être agressives. Elle préfère les coupes rapides aux fondus lents, les silences parlants aux musiques imposées. Elle ne copie pas ce qu'elle voit ailleurs : elle cherche ce qui lui correspond. Et chaque nouvelle vidéo est un pas de plus vers une langue visuelle personnelle.

Ses premières expériences avec la vidéo sont aussi des expériences sociales. Filmer l'autre, c'est créer une forme de complicité. Montrer un visage, un geste, une parole, c'est accorder de la valeur. Léna filme ses proches avec respect, avec humour, avec tendresse. Ce regard bienveillant deviendra l'un des traits marquants de sa future chaîne. Elle ne ridiculise jamais, elle n'humilie pas.

Elle célèbre. Même quand elle ironise, c'est avec affection. La caméra n'est jamais une arme. C'est un lien.

Le rapport au regard se construit aussi à cette époque. Elle commence à se filmer elle-même, à parler face caméra, à s'entendre, à se voir. Elle déteste souvent ce qu'elle voit. Puis elle recommence. Elle ajuste le ton, elle cherche la bonne lumière, elle tente une nouvelle intro. Ce n'est pas de la coquetterie, c'est une exigence. Elle veut que ce qu'elle dit soit clair, fluide, juste. Elle comprend que pour que l'émotion passe, il faut que la forme soit tenue. Et elle ne lâchera plus jamais cette rigueur.

Le lycée est donc bien plus qu'un cadre scolaire. C'est un décor qu'elle apprivoise, une scène qu'elle détourne, une matière qu'elle modèle. Là où d'autres attendent la fin des cours pour "vivre enfin", elle transforme les cours eux-mêmes en matière première. Pas besoin de partir loin pour créer. Tout est déjà là, dans les petits riens du quotidien. Il suffit de regarder autrement.

Ces premiers pas vers la vidéo ne sont pas encore une vocation. Ils sont une forme de jeu, de recherche, de plaisir. Mais ce jeu est déjà habité d'une grande précision. Et quand viendra le moment d'ouvrir une chaîne YouTube, Léna n'aura pas besoin d'apprendre à filmer. Elle saura déjà comment raconter. Parce qu'avant de penser à être suivie, elle a pris le temps de se construire un regard. Et ce regard, c'est lui qui donnera à ses vidéos leur ton si singulier.

L'entrée à l'IUT : communication, réseaux et ambition naissante

Lorsque Léna Mahfouf entre à l'IUT de Paris Descartes pour y étudier la communication, elle ne le vit pas comme une simple poursuite d'études, mais comme une manière de formaliser ce qu'elle pressent déjà intuitivement : la communication n'est pas une technique, c'est un terrain de jeu. Elle n'y vient pas pour devenir "communicante", mais pour approfondir un savoir-faire qu'elle pratique déjà depuis plusieurs années, sans en connaître encore les mots. Ce qu'elle maîtrise de façon empirique — capter l'attention, raconter une histoire, construire une image — va maintenant rencontrer des cadres, des concepts, des méthodes.

L'entrée dans le supérieur correspond aussi à une étape où l'ambition devient plus nette, plus assumée. Jusqu'alors, Léna filmait, montait, stylisait par goût, par besoin, par instinct. Désormais, elle commence à penser son avenir professionnel avec des contours précis. Elle ne sait pas encore exactement quelle forme cela prendra, mais elle sait qu'elle veut créer, qu'elle veut raconter, et qu'elle veut le faire avec une liberté qui ne soit ni marginale, ni décorative. Elle veut une place. Une place pleine et entière, au cœur des nouveaux récits.

L'IUT lui offre une première validation institutionnelle. Non pas parce qu'elle aurait besoin d'un diplôme pour exister, mais parce que l'école devient un tremplin. Les cours, les stages, les projets de groupe sont autant d'occasions d'exercer ce qu'elle sait déjà faire, mais avec des contraintes professionnelles. Elle apprend à tenir un brief, à respecter une ligne éditoriale, à adapter un message à une cible. Elle ne le fait pas toujours avec enthousiasme, mais elle le fait avec intelligence. Très vite, elle repère les mécanismes, les automatismes, les failles. Et elle comprend comment les détourner.

Durant ces années, Léna approfondit également sa culture numérique. Elle ne se contente pas d'être une "utilisatrice" des réseaux sociaux. Elle commence à les analyser, à les comprendre en profondeur. Les algorithmes, les formats, les temporalités, les dynamiques communautaires : tout cela devient pour elle une matière à observer. Là où certains subissent les règles d'Instagram ou de YouTube, elle les étudie. Et cette intelligence du système va devenir une arme redoutable dans la suite de son parcours.

L'IUT lui donne aussi l'opportunité de rencontrer d'autres profils créatifs. Elle n'est plus seule à expérimenter dans sa chambre : elle échange, elle collabore, elle s'expose à d'autres univers. Ces confrontations sont formatrices. Elle comprend que l'originalité n'est rien sans la rigueur, que le style ne suffit pas sans le fond, et que la meilleure idée du monde meurt sans exécution précise. Elle affine alors ses exigences. Elle ne veut pas seulement produire. Elle veut produire bien.

C'est aussi durant cette période qu'elle commence à envisager la mise en ligne régulière de contenus. L'idée d'une chaîne YouTube plus structurée fait son chemin. Elle pense à une ligne éditoriale, à une fréquence, à un ton. Rien n'est lancé encore, mais tout s'organise dans son esprit. Les premiers carnets se remplissent, les premiers plannings se dessinent. Ce n'est plus une simple envie, c'est un début de stratégie. Une stratégie artisanale, mais déjà incroyablement cohérente.

En parallèle de ses études, elle continue d'explorer les réseaux. Elle publie sur Instagram, elle observe ce qui marche, elle teste des formats. Elle n'est pas encore une influenceuse, mais elle commence à être repérée. Son sens du style, son humour, son ton à la fois frais et affirmé lui valent les premiers retours. Ce sont encore des signes discrets, mais ils valident une intuition : elle a quelque chose à dire, et les gens sont prêts à l'écouter. Ce premier frémissement de visibilité ne la grise pas, mais il la motive.

L'IUT agit alors comme une scène secondaire. Les études avancent, les notes tombent, les projets s'enchaînent, mais l'essentiel se joue ailleurs. Dans sa tête, Léna prépare quelque chose. Ce n'est pas une fuite du réel universitaire, c'est une prolongation. Elle sait que ce qu'elle construit est plus grand que le cadre académique, mais elle utilise ce cadre comme un outil, comme un marchepied. L'école ne la bride pas : elle l'arme. Et chaque nouveau savoir devient un levier pour sa création personnelle.

C'est aussi dans ces années que la notion de "marque personnelle" commence à se dessiner. Léna ne se dit pas encore qu'elle en est une, mais elle en construit les bases. Elle comprend qu'un nom, une tonalité, un univers graphique, une régularité sont autant d'éléments d'ancrage dans l'esprit du public. Elle apprend à se positionner sans se figer. Elle devient reconnaissable sans devenir caricaturale. Et cette construction-là, loin des manuels de branding, elle la développe par l'expérience, par la sensibilité, par l'exigence.

Lorsque son parcours universitaire se termine, ce n'est pas une fin d'études, c'est un point de bascule. Elle a emmagasiné les outils, les méthodes, les repères. Elle a compris les règles du jeu. Et maintenant, elle est prête à le jouer à sa manière. Avec ses couleurs, ses mots, son regard. Léna Situations est sur le point de naître. Et tout ce qu'elle a appris — à l'école, dans sa chambre, dans la rue — va désormais s'assembler en un projet cohérent, vivant, profondément personnel.

Chapitre 2 – Premiers formats, premières voix (2013–2017)

L'ouverture du blog et l'esthétique du quotidien

Lorsque Léna ouvre son blog en 2013, elle ne le fait pas avec l'intention de "percer" ou de se professionnaliser. Elle le fait parce qu'elle a des choses à montrer. À dire aussi, mais surtout à montrer. Des tenues, des ambiances, des humeurs. Le blog devient un prolongement de son regard, un espace où le monde ordinaire peut être transformé en matière esthétique. Elle ne cherche pas à impressionner. Elle cherche à créer une petite bulle, à sa mesure, dans laquelle elle peut déposer les fragments de sa vie qu'elle choisit de rendre visibles.

Ce blog s'appelle d'abord "Léna Situations". Un nom qui peut paraître léger, presque anecdotique, mais qui contient déjà une vision du monde. Car tout l'enjeu de son approche réside dans ce mot : situations. Ce ne sont pas des événements spectaculaires, ni des récits construits à la manière des grandes narrations. Ce sont des situations de vie, des moments vécus, des instants à capter. Léna se positionne comme une observatrice de l'ordinaire. Elle croit que le quotidien, s'il est regardé avec assez d'attention, peut devenir une source infinie de beauté et de sens.

Le blog, dans ses premières publications, reflète cette démarche. On y trouve des photographies soignées mais pas figées, des textes qui oscillent entre le commentaire personnel et le clin d'œil humoristique, des mises en scène modestes mais intelligentes. Elle ne cherche pas l'originalité forcée. Elle cherche l'équilibre. Entre le naturel et le stylisé. Entre le récit et le silence. Entre l'image et le mot. C'est dans cet espace subtil qu'elle commence à faire exister sa voix propre.

Dès les premières semaines, un style se dessine. Léna ne copie pas les autres blogueuses de l'époque. Elle connaît leurs codes, elle les a observés, mais elle refuse l'uniformité. Elle ne sature pas ses pages de filtres ni de sponsoring déguisé. Elle tient à une certaine fraîcheur. Une sincérité de ton. Elle veut que l'on sente qu'elle est là, qu'elle parle, qu'elle choisit chaque photo avec soin. C'est ce souci du détail, ce goût pour la cohérence intime, qui donne au blog sa tonalité particulière.

Elle ne fait pas encore de vidéos, mais son regard est déjà celui d'une cadreuse. Chaque photo publiée est pensée comme un plan. L'échelle, l'angle, la lumière, le rythme des publications : tout est déjà réfléchi avec une rigueur que peu de blogueuses débutantes partagent. Et cette rigueur, loin de brider la spontanéité, l'accompagne. Elle lui permet de mieux canaliser ses idées, de donner une forme à ce qui, chez beaucoup, resterait de l'ordre de l'intuition.

Le blog devient aussi une première interface avec un public. Elle reçoit ses premiers commentaires, elle répond, elle échange. Ce lien-là, Léna va le cultiver précieusement. Elle ne veut pas être une figure distante. Elle veut être perçue comme une présence, une sœur, une amie à qui l'on peut parler. Ce positionnement, qui semble naturel, est en fait très élaboré. Il repose sur une volonté claire : rendre l'échange possible. Créer un espace de dialogue, et non une vitrine inaccessible.

Peu à peu, sa régularité dans les publications commence à construire une forme de fidélité. Les lecteurs reviennent. Ils reconnaissent un ton, une ambiance, un regard. Ce n'est pas encore une communauté au sens strict, mais c'est déjà un cercle d'habitués. Et c'est dans ce lien naissant que se joue quelque chose de profond : Léna découvre qu'elle peut toucher les gens avec des fragments de sa vie, et que ces fragments, parce qu'ils sont choisis et mis en forme, deviennent des objets de résonance.

L'esthétique du quotidien devient alors sa marque de fabrique. Elle ne cherche pas à échapper à la banalité. Elle cherche à la sublimer. Une tasse de café, une paire de baskets, une promenade dans Paris — tout peut devenir image, à condition d'être vu avec attention. Cette attention-là, elle la cultive. Elle devient sa méthode. Voir autrement. Regarder mieux. Transformer le banal en langage. C'est cette capacité qui fera plus tard d'elle une vidéaste à part.

Ce blog, modeste dans ses moyens mais ambitieux dans son intention, est donc bien plus qu'un simple passe-temps. C'est un premier manifeste. Une déclaration de style. Une manière de dire : je veux raconter le réel, mais je veux le raconter avec élégance, avec humour, avec douceur. Et c'est en faisant cela, sans forcer, sans calcul, qu'elle pose la première pierre d'une œuvre personnelle, à la fois accessible et exigeante, intime et universelle.

Une parole féminine dans un univers de l'image

Lorsque Léna commence à publier ses premiers contenus en ligne, le paysage numérique dans lequel elle évolue est déjà saturé d'images, mais très peu de voix féminines y sont véritablement audibles dans toute leur singularité. Il existe des figures féminines influentes, bien sûr, mais souvent cantonnées à des rôles stéréotypés : la fille drôle mais pas trop, la jolie sans être arrogante, la conseillère en maquillage ou la copine relatable. Léna, dès ses premières prises de parole, refuse ces assignations. Elle ne veut pas seulement occuper une case, elle veut élargir l'espace de la parole féminine, le nuancer, l'ouvrir.

Elle ne revendique pas son féminisme comme un slogan, mais comme une pratique. Elle parle librement de ses émotions, de ses doutes, de ses erreurs, sans chercher à se rendre plus lisse ou plus acceptable. Dans ses textes comme dans ses premières vidéos, elle impose une forme de sincérité sans fard. Ce qu'elle montre, ce n'est pas une perfection inaccessible, mais un parcours, une recherche, un équilibre instable et justement pour cela profondément humain. Et dans cet univers encore dominé par une esthétique standardisée et souvent masculine, cette parole-là fait rupture.

Léna comprend que, dans le monde de l'image, la voix féminine est souvent récupérée, orientée, transformée.

Elle ne veut pas se faire ventriloquer. Elle veut parler pour elle-même, avec ses mots, son ton, ses silences aussi. Elle développe alors un style d'écriture qui lui est propre : léger sans être superficiel, intime sans être impudique, drôle sans être caricatural. Ce ton, qui deviendra plus tard sa signature sur YouTube, se forge ici, dans les premiers billets de blog, dans les premiers posts, dans les légendes choisies avec soin.

Ce positionnement n'est pas sans risque. Être une jeune femme qui parle, qui montre, qui revendique une forme de liberté créative, c'est encore trop souvent s'exposer à des remarques condescendantes, à des critiques sexistes, à des tentatives de décrédibilisation. Léna ne s'en cache pas. Elle en parle, sans jamais s'enfermer dans une posture victimaire. Au contraire, elle fait de ces tensions un ressort. Elle avance. Elle persiste. Elle continue à créer, encore et encore, sans céder à la peur ni au cynisme.

Ce qui frappe, dans cette parole féminine émergente, c'est qu'elle n'a pas besoin de revendiquer sa légitimité : elle la prouve par l'acte. Léna ne s'excuse pas d'exister dans le champ médiatique. Elle s'y installe, naturellement, comme si cela allait de soi. Et ce naturel apparent, loin d'être une posture, est le fruit d'un long travail sur soi. Car pour oser prendre la parole dans un univers qui ne vous attend pas, il faut une grande force intérieure, une confiance patiemment construite.

Cette force, elle la puise dans l'humour, dans l'auto-dérision, dans la tendresse qu'elle accorde aux autres et à elle-même. Elle ne cherche pas à dominer son audience, elle ne cherche pas à provoquer. Elle cherche à créer un lien. Et ce lien repose sur une parole qui ne juge pas, qui n'écrase pas, mais qui raconte. Une parole d'expérience, de ressenti, de partage. Une parole profondément féminine non parce qu'elle parlerait "de choses de filles", mais parce qu'elle refuse de se plier aux codes masculins du pouvoir, de la performance, de la dureté.

Elle n'élève pas la voix pour se faire entendre. Elle continue de parler doucement, mais avec une telle justesse qu'on l'écoute. Elle n'impose rien, mais elle s'impose. C'est cette nuance qui rend sa présence si forte. Dans un monde numérique où beaucoup crient pour exister, Léna montre qu'on peut exister en murmurant, en riant, en racontant. Elle offre une alternative précieuse à l'agressivité ambiante. Une autre manière d'occuper l'espace. Une autre manière d'être vue et entendue.

Avec les premiers retours de ses lectrices et lecteurs, elle comprend que cette parole a un écho. Qu'elle touche, qu'elle aide, qu'elle libère. Que ce qu'elle raconte, d'autres le vivent, le ressentent, l'attendent même. Ce dialogue en germe devient pour elle une responsabilité. Non pas celle de représenter un groupe, mais celle de rester fidèle à ce qu'elle est, pour que d'autres puissent, à leur tour, se sentir autorisés à faire de même.

Ce qui se joue ici dépasse la seule question de la parole féminine. C'est une réflexion sur la place qu'on occupe dans le monde, sur les récits qu'on construit, sur les images qu'on choisit de produire. Léna ne veut pas seulement être une créatrice de contenu. Elle veut être une créatrice de sens. Et pour cela, elle commence par parler

avec sa voix, sa vraie voix, dans un monde qui aurait
préféré qu'elle en emprunte une autre.

Les premières vidéos : YouTube comme carnet de bord

Lorsque Léna publie ses premières vidéos sur YouTube,
ce n'est pas une entrée fracassante, c'est un glissement
naturel. Le blog, déjà nourri de textes, d'images et de
confidences, trouve dans la vidéo un prolongement vivant.
Ce qu'elle montrait en photos, ce qu'elle racontait en
mots, elle commence à le filmer. Non pas avec une
volonté de production spectaculaire, mais avec l'envie
simple de documenter sa vie, ses réflexions, ses
trouvailles. YouTube devient alors un carnet de bord. Pas
un spectacle. Pas une stratégie. Un espace intime, offert
aux autres, mais pensé d'abord pour soi.

Ses premières vidéos ne cherchent pas la perfection
technique. Elles sont tournées avec les moyens du bord,
montées sur des logiciels accessibles, parfois même
rudimentaires. Mais ce qui frappe, dès les débuts, c'est le
ton. Léna parle comme on parlerait à un ami. Elle regarde
la caméra sans filtre, sans posture. Elle ne joue pas un
personnage. Elle raconte. Elle partage. Elle commente.
Elle rit. Elle doute aussi. Et dans cette forme encore
balbutiante, il y a déjà une profondeur de présence qui
retient l'attention.

Le montage, dans ces premières vidéos, tient une place
centrale. C'est là que Léna impose peu à peu sa
grammaire visuelle. Des coupes franches, des accélérés

maîtrisés, des effets discrets mais toujours au service du rythme. Elle comprend très vite qu'un bon montage, ce n'est pas un simple enchaînement fluide d'images, c'est une manière d'écrire. Une ponctuation, une respiration, une musicalité. Chaque vidéo devient ainsi une page de journal, où l'on entend sa voix, mais aussi où l'on devine son oreille, son œil, sa manière très personnelle de faire résonner les images.

La ligne éditoriale n'est pas encore définie avec rigueur, mais une cohérence se dessine déjà. Les thèmes sont simples : mode, études, relations, quotidien. Elle ne prétend pas tout maîtriser. Elle explore, elle apprend en même temps qu'elle partage. Et cette honnêteté, cette franchise dans l'incertitude, crée un lien immédiat avec le spectateur. On ne regarde pas une experte dispenser un savoir. On regarde une jeune femme grandir, réfléchir, se chercher, et inviter les autres à faire de même.

Ce rapport très direct à la caméra crée un sentiment de proximité rare. On ne sent aucune distance, aucune volonté de dominer l'écran. Léna ne performe pas, elle habite. Elle se montre telle qu'elle est, sans apprêt ni cynisme. Ce qu'elle offre dans ces premières vidéos, c'est une forme d'authenticité fluide, jamais forcée. Une sincérité qui ne repose pas sur des aveux déchirants ou des effets de mise en scène, mais sur le ton, sur l'attention aux détails, sur la manière d'être là, simplement.

La réception, à ce stade, reste modeste. Quelques centaines, puis quelques milliers de vues. Mais chaque spectateur semble compter. Léna ne court pas après la viralité. Elle construit, lentement, patiemment. Elle teste, elle ajuste, elle observe. Et cette patience, dans un écosystème souvent dominé par la course aux vues, montre déjà un autre rapport à la création : un rapport durable, presque artisanal. Elle veut faire bien, pas juste faire beaucoup.

Dans ses premières vidéos, on perçoit aussi l'influence de certains créateurs qui l'inspirent. Casey Neistat, bien sûr, dont elle admire le montage nerveux, le regard cinématographique sur le banal. Mais là où Neistat injecte de l'épique dans le quotidien, Léna préfère l'élégance de l'anodin. Elle filme les cafés, les cours, les trajets, les hésitations, avec un respect profond pour ce qui se passe vraiment. Et dans cette attention au réel, elle inscrit sa propre forme de narration.

Peu à peu, elle commence à structurer son approche. Les vidéos deviennent plus régulières. Le ton se précise. Le public s'élargit. Mais ce qui ne change pas, c'est cette fidélité au format du carnet. Même lorsqu'elle traite des sujets plus larges, plus "tendances", elle le fait toujours à travers le prisme de son vécu. Elle ne commente pas le monde de l'extérieur. Elle le traverse. Et c'est cette manière de raconter, depuis l'intérieur, qui lui permet de créer un lien unique avec son audience.

Chaque nouvelle vidéo devient alors une entrée de journal audiovisuel. Une trace. Un instant. Une forme de mémoire en mouvement. Elle ne cherche pas à tout dire, mais à dire juste. Elle ne cherche pas à séduire tout le monde, mais à rester fidèle à ce qu'elle est. Et c'est cette fidélité, rare et précieuse, qui transforme peu à peu sa chaîne YouTube en œuvre continue. Une œuvre faite de fragments, de situations, de récits du présent, mais toujours habités par un même regard : celui de Léna, créatrice du réel.

Apprendre en autodidacte : du montage à la narration

Léna Situations n'a pas appris la vidéo à l'école, ni le montage dans une formation spécialisée, ni la narration auprès de professeurs. Elle a tout découvert seule, en pratiquant, en tâtonnant, en recommençant. L'autodidaxie n'est pas ici un choix militant, mais une nécessité naturelle. Elle veut créer, et pour créer, il faut apprendre. Alors elle observe, elle imite, elle démonte, elle reconstruit. Chaque vidéo devient un terrain d'expérimentation, chaque outil un langage à apprivoiser. Le logiciel de montage, d'abord opaque, devient peu à peu une extension de ses gestes. Elle y trouve une forme de liberté, mais aussi une exigence nouvelle.

Le montage n'est pas pour elle une opération technique, c'est un espace narratif. C'est là, dans les coupes, les transitions, les silences, que se fabrique le rythme. Elle découvre très vite que ce rythme est sa signature. Elle ne veut pas que ses vidéos ressemblent à celles des autres. Elle veut que l'on sache, en quelques secondes, que l'on regarde une vidéo de Léna. Et pour cela, elle affine son oreille, son œil, son intuition. Elle coupe au bon moment, elle ralentit ce qu'il faut, elle enchaîne sans jamais étourdir. Ce style, devenu si reconnaissable, ne vient pas d'une école : il vient de l'usage, du goût, de la rigueur solitaire.

Elle apprend aussi à raconter. Ce qui, au départ, n'était qu'un partage spontané devient peu à peu une structure. Une introduction, un développement, une chute. Un fil rouge, même discret. Une tension douce, qui mène quelque part. Elle refuse les scénarios figés, mais elle comprend que pour captiver, il faut orienter. Elle trouve alors un équilibre délicat entre l'improvisation et la construction. Elle parle comme elle vit, mais elle monte comme elle pense. Et cette pensée, toujours fluide, donne à ses vidéos leur forme mouvante et pourtant tenue.

L'apprentissage passe aussi par l'échec. Il y a des vidéos qu'elle n'aime pas, des plans ratés, des idées mal exécutées. Elle ne les renie pas, mais elle les dépasse. Chaque erreur devient une leçon. Elle n'attend pas d'être parfaite pour publier. Elle sait que la progression passe par l'exposition. Ce courage de montrer du "pas encore abouti", du "pas encore maîtrisé", fait partie de son identité. Elle ne vend pas un produit fini, elle partage un processus. Et ce processus, elle l'assume avec humilité et constance.

La solitude du montage, loin d'être pesante, devient un refuge. C'est là qu'elle affine son regard, qu'elle respire, qu'elle contrôle. Dans le monde des créateurs, beaucoup délèguent cette étape. Pas elle. Elle y tient. Parce que c'est là que se joue l'essentiel. La vidéo brute est un matériau. Le montage est l'écriture. Et Léna veut écrire elle-même. Jusqu'au bout. Parce qu'elle sait que personne d'autre ne pourrait dire exactement ce qu'elle veut dire, avec la même délicatesse, la même pulsation, la même nuance.

Elle s'inspire de ce qu'elle aime. Des vidéastes comme Casey Neistat, bien sûr, mais aussi des films, des clips, des séries. Elle décortique. Elle ralentit les séquences pour comprendre. Comment cette transition est-elle faite ? Pourquoi ce plan fonctionne-t-il ? Comment l'émotion est-elle montée ? Elle regarde tout avec un œil de monteuse. Rien n'est jamais seulement regardé pour le plaisir. Tout est une source potentielle d'apprentissage, de réutilisation, de transposition.

Peu à peu, elle construit un langage. Ce n'est pas seulement une esthétique visuelle, c'est une manière de penser le monde. Une manière de le filtrer, de le recomposer, de le restituer. La caméra n'est pas une extension d'elle-même, elle est un prisme. Et ce prisme, elle le polit jour après jour, vidéo après vidéo. Son apprentissage autodidacte n'est pas linéaire. Il est chaotique, vivant, organique. Mais il est profond. Il lui donne une maîtrise réelle, enracinée dans l'expérience.

Cet apprentissage technique s'accompagne d'une maturation artistique. Elle ne veut pas simplement bien filmer, elle veut transmettre une émotion. Elle veut que le spectateur ressente quelque chose, sans toujours savoir quoi. Elle veut créer de la proximité, de l'écho, du trouble parfois. Et pour cela, elle affine sa narration. Elle dose mieux les moments d'intimité, elle construit des respirations, elle joue avec les attentes. Ce que l'on croit être un simple vlog devient, petit à petit, une narration subtilement orchestrée.

Apprendre seule, c'est aussi apprendre à se faire confiance. À suivre son goût, même contre les tendances.

À persister, même sans validation immédiate. Léna développe une forme d'indépendance créative, non pas dans la solitude fermée, mais dans la persévérance calme. Elle sait qu'elle a quelque chose à dire, et elle trouve comment le dire. À sa manière. Avec ses outils. À son rythme. Et cette liberté, conquise pas à pas, devient l'un des cœurs battants de son œuvre à venir.

Chapitre 3 – Le tournant Léna (2017–2019)

Le vlog comme écriture personnelle

Entre 2017 et 2019, quelque chose bascule dans l'univers de Léna. Ce n'est pas une rupture brutale, mais une montée progressive, un glissement décisif. À ce moment-là, elle ne se contente plus de documenter sa vie à travers des vidéos : elle commence à écrire avec. Le vlog, pour elle, devient un langage. Non plus un simple format populaire sur YouTube, mais une manière d'exprimer une vision du monde. Ce que d'autres abordent comme un exercice de spontanéité ou de divertissement, elle le transforme en outil narratif. Le vlog devient une forme. Une forme personnelle, codée, stylisée, mais jamais artificielle. C'est une écriture qui passe par l'image, le son, le rythme, la sincérité maîtrisée.

Chaque vidéo de cette période commence à obéir à une logique interne qui lui est propre. Il ne s'agit plus simplement de filmer sa journée ou de montrer des activités : il s'agit de donner un sens à ce qui est filmé. Léna cherche le fil conducteur, même lorsqu'il est ténu. Elle organise ses vidéos comme on organise un récit : avec une introduction, une montée, une résolution. Mais ce récit n'est pas construit sur des événements spectaculaires. Il est bâti sur l'émotion, sur le lien, sur la mise en valeur des instants ordinaires. Ce qui compte, c'est le regard qu'elle porte. La manière dont elle assemble les fragments.

Le ton change aussi. Il s'affirme. Il se précise. Léna ne cherche plus à faire comme les autres. Elle trouve sa voix, sa texture, son souffle. Sa voix off devient un élément central de l'expérience. Elle ne parle pas à une foule indistincte, elle parle à quelqu'un. On sent cette adresse directe, cette proximité choisie. Elle parle comme on écrit une lettre. Avec naturel, mais avec précision. Elle dose ses mots, elle module son débit, elle choisit ses silences. Et c'est cette justesse qui transforme le spectateur en confident.

Dans le vlog tel qu'elle le pratique, le montage n'est pas une étape secondaire, c'est le cœur de l'écriture. Léna y invente sa ponctuation, son tempo, ses effets de surprise, ses respirations. Elle joue avec les accélérés, les ralentis, les coupures nettes, les ellipses. Elle introduit des éléments visuels récurrents — titres, encadrés, inserts — qui créent une continuité d'une vidéo à l'autre. Son style devient reconnaissable entre tous. Et ce style n'est jamais plaqué : il est au service de ce qu'elle veut transmettre. Le montage, chez elle, ne cache pas la réalité, il la révèle.

Mais ce qui rend son vlog si personnel, ce n'est pas seulement la forme, c'est le fond. Léna y partage ses doutes, ses échecs, ses joies, ses réflexions. Elle ne prétend pas être un modèle. Elle n'enseigne pas. Elle raconte. Et c'est dans cette narration honnête, parfois vulnérable, souvent drôle, toujours attentive, que se joue son pouvoir de captation. Elle parle de ses journées, mais aussi de ce qu'elles lui font. Elle montre des événements, mais elle dit ce qu'elle en pense. Et cette double couche — image et pensée — donne à ses vidéos une densité rare dans l'univers du vlog.

La maison, la rue, le métro, les cafés, les voyages — tout devient décor. Mais un décor vécu. Elle ne théâtralise pas sa vie. Elle la raconte de l'intérieur. Elle n'ajoute pas du spectaculaire là où il n'y en a pas. Elle montre le banal, mais en le regardant mieux. Et cette attention au banal, cette capacité à trouver de la poésie dans l'anodin, est ce qui fait d'elle une auteure au sens plein du terme. Elle ne subit pas la forme du vlog. Elle s'en empare. Elle la tord, la précise, l'élève.

Le lien avec les spectateurs change également. Il devient plus profond, plus constant. Les commentaires se multiplient, les messages affluent. Les gens ne se contentent pas de liker, ils écrivent. Ils remercient. Ils confient. Ils racontent comment les vidéos de Léna les ont aidés, inspirés, réconfortés. Le vlog devient un pont. Une forme de journal intime à plusieurs voix. Ce que Léna y écrit, les autres le lisent à leur manière. Et cette lecture produit quelque chose. De l'attachement, de la reconnaissance, parfois même un miroir.

Elle commence à être invitée à des événements, repérée par des marques, sollicitée par des médias. Mais elle garde sa ligne. Elle ne modifie pas ses formats. Elle ne cherche pas à élargir artificiellement sa cible. Elle sait ce qu'elle veut faire, et elle continue de le faire. Cette fidélité à son style, à sa voix, à son rythme, est l'un des grands tournants de cette période. C'est à ce moment-là qu'elle cesse d'être une "youtubeuse prometteuse" pour devenir une figure installée, une créatrice à part entière.

De 2017 à 2019, le vlog devient donc bien plus qu'un support. Il devient une écriture personnelle, cohérente, structurée, singulière. Léna s'y affirme comme une narratrice du réel, capable de transformer le quotidien en récit, la parole intime en partage collectif, et la forme courte en langage d'auteur. Ce tournant, discret mais décisif, est ce qui rendra possible tout ce qui viendra ensuite.

Une audience qui grandit : style, proximité et constance

Entre 2017 et 2019, la chaîne YouTube de Léna Situations entre dans une phase de croissance continue. La visibilité augmente, les abonnés affluent, les vues se multiplient. Mais ce phénomène n'a rien de mécanique ou de viral au sens classique du terme. Il n'est pas dû à un seul coup d'éclat, ni à une vidéo devenue subitement tendance. Il repose au contraire sur une construction lente, régulière, rigoureuse. Ce que Léna met en place, c'est un style reconnaissable, une relation intime avec son audience, et une constance qui devient sa marque de fabrique.

Son style, tout d'abord, évolue mais ne se dilue pas. Il s'affine. Léna joue avec les codes sans jamais les subir. Elle s'autorise les expérimentations formelles : split screen, insertions textuelles dynamiques, transitions musicales inattendues. Mais ces éléments ne viennent jamais gratuitement. Chaque choix sert une émotion, une intention. On ne trouve chez elle aucun effet superflu, aucune fioriture gratuite. Elle ne cherche pas à impressionner, elle cherche à transmettre. Et cette précision fait d'elle une créatrice respectée, même par ceux qui ne consomment pas habituellement de contenus dits "influence".

La proximité, ensuite, devient une force considérable. Léna ne construit pas une distance hiérarchique avec son public. Elle s'adresse à lui comme à une amie. Elle partage des moments de joie, mais aussi des instants de doute, de stress, de fatigue. Elle parle de ses insécurités, de son anxiété, de ses erreurs. Et loin de fragiliser son image, cela la rend plus solide. Parce que cette vulnérabilité assumée crée un lien réel, durable. Elle ne vend pas une perfection inaccessible : elle montre une personne en mouvement. Et ce mouvement, le public s'y reconnaît.

La constance, enfin, est l'un de ses piliers les plus puissants. Léna publie régulièrement. Pas dans une logique productiviste, mais dans une dynamique de présence. Elle est là. Semaine après semaine. Mois après mois. Même quand elle est fatiguée, même quand l'inspiration tarde, elle trouve le moyen de maintenir le lien. Cette régularité crée une forme de rendez-vous émotionnel. Ses vidéos deviennent des repères, des balises dans la vie de ses abonnés. Ce n'est plus seulement du contenu, c'est une forme d'accompagnement.

Ce trépied — style, proximité, constance — crée une audience singulière. Ce ne sont pas seulement des spectateurs passifs, ce sont des abonnés engagés, bienveillants, fidèles. Ils commentent, ils partagent, ils soutiennent. Ils créent eux-mêmes des contenus inspirés par Léna. Ils reprennent ses expressions, ses montages, ses attitudes. Léna devient une référence, mais sans chercher à dominer. Elle inspire, mais n'impose jamais. Elle montre une voie, et chacun y puise ce qu'il veut.

Cette croissance ne change pas fondamentalement sa manière de créer, mais elle lui offre de nouvelles opportunités. Des marques la contactent, des projets émergent, des collaborations se profilent. Pourtant, elle ne cède jamais à la facilité. Elle refuse des contrats, elle sélectionne avec soin les propositions, elle tient à rester libre. Elle sait que cette liberté est le socle de sa créativité. Elle veut pouvoir continuer à filmer son quotidien sans le travestir. Et pour cela, elle protège farouchement son autonomie.

Dans cette période, Léna développe aussi une conscience de plus en plus fine de son impact. Elle comprend que ses paroles comptent, que ses choix sont scrutés, que son comportement peut influencer. Elle ne se vit pas comme une "role model", mais elle accepte cette responsabilité. Elle essaie d'être cohérente. Elle parle de sujets sérieux sans solennité, elle dédramatise sans minimiser. Elle trouve un équilibre rare entre légèreté et profondeur, entre humour et réflexion.

L'audience grandissante pourrait générer de la pression, un besoin de performance, une peur de décevoir. Mais Léna parvient à rester fidèle à elle-même. Elle refuse de se laisser enfermer dans une image figée. Elle continue à évoluer, à changer, à explorer. Et cette évolution, elle la partage. Elle ne cherche pas à coller à ce que les gens attendent d'elle : elle emmène son public avec elle, vers d'autres territoires. C'est cette capacité à évoluer sans trahir qui consolide son lien avec sa communauté.

Vers la fin de cette période, sa chaîne atteint un nouveau palier. Elle n'est plus une simple créatrice émergente. Elle devient une figure incontournable. On la cite, on l'invite, on la commente. Mais elle ne se transforme pas en produit. Elle reste une personne, une narratrice, une présence. Et cette humanité préservée, dans un écosystème souvent formaté, devient l'un des secrets les plus précieux de son ascension.

L'influence de Casey Neistat : rythme, montage, regard

Parmi les nombreuses inspirations que Léna revendique, une figure revient avec constance : Casey Neistat. Ce vidéaste new-yorkais, connu pour son style effréné, son sens du storytelling et son inventivité formelle, a profondément marqué une génération de créateurs. Pour Léna, il ne s'agit pas d'une simple admiration à distance, ni d'un mimétisme naïf. C'est une reconnaissance de filiation artistique. Casey a ouvert un chemin dans lequel elle se sent autorisée à marcher : celui d'un vlog pensé comme un espace d'écriture, où chaque image, chaque coupe, chaque mouvement a un sens, une place, une intention.

Ce que Léna retient avant tout de Casey Neistat, c'est le rythme. Non pas une vitesse imposée, mais une cadence organique, un battement propre à chaque vidéo. Elle apprend en le regardant que le montage n'est pas qu'un moyen de faire tenir plus de choses en moins de temps : c'est une respiration, une chorégraphie visuelle, un tempo qui raconte autant que les mots. En intégrant cette leçon, elle développe elle-même un sens aigu du timing. Les plans sont courts mais expressifs, les transitions fluides mais inattendues, les séquences ordonnées mais jamais rigides. Elle apprend à accélérer sans précipiter, à ralentir sans lasser.

Léna ne copie pas les outils de Casey, mais elle en comprend la logique : filmer avec les moyens dont on dispose, mais toujours avec rigueur ; faire de l'ordinaire un décor de cinéma ; poser la voix comme un contrepoint narratif plutôt qu'un simple commentaire. Elle reprend cette idée selon laquelle la beauté ne vient pas des moyens techniques, mais du regard porté sur les choses. Là où d'autres cherchent le matériel parfait, elle cherche le cadrage juste, la lumière réelle, le moment vrai. Ce minimalisme exigeant devient l'un des fondements de son style.

Le rapport au réel, chez Neistat comme chez Léna, est central. On ne met pas en scène une fiction, on recompose une expérience vécue. Mais cette recomposition ne se veut jamais mensongère. Elle est un filtre subjectif assumé. Léna apprend que ce n'est pas l'événement qui fait la vidéo, mais la manière de le raconter. Une journée banale, si elle est bien montée, bien rythmée, bien pensée, peut devenir captivante. Et c'est précisément ce regard — ce cadrage du réel — qui fait d'elle une narratrice et non une simple témoin.

Léna adopte aussi cette culture de la débrouille propre à Casey Neistat. Elle filme seule, elle monte seule, elle pense seule. Elle ne délègue pas, non par principe, mais parce que c'est dans le contact direct avec la matière qu'elle trouve sa vérité. Elle comprend, comme son modèle, que c'est dans la contrainte que naît la liberté. Moins on a d'artifices, plus on est obligé d'être précis. Moins on a de décors, plus il faut savoir raconter. Et cette contrainte devient un moteur, non un frein.

L'influence de Casey Neistat ne s'arrête pas à la forme. Elle touche aussi au fond. Léna admire chez lui la capacité à se livrer sans se plaindre, à être sincère sans se mettre en scène, à parler de son travail avec passion sans jamais tomber dans l'autopromotion stérile. Elle trouve là un modèle d'équilibre, de maturité, de générosité. Un exemple de créateur qui ne prend pas son public de haut, mais qui l'invite à entrer dans son monde, avec franchise et ouverture. C'est ce même esprit qu'elle tente de cultiver dans ses propres vidéos.

Dans certains montages de Léna, l'héritage de Casey est presque palpable. Une coupe abrupte suivie d'un travelling fluide. Une musique inattendue posée sur une séquence banale. Un plan fixe entre deux moments de turbulence. Mais ces emprunts ne sont jamais des pastiches. Ils sont digérés, intégrés, adaptés à son univers propre. Elle ne se contente pas de suivre un modèle : elle le réinterprète. Elle prend ce qui lui parle et le plie à sa sensibilité, à son ancrage parisien, à sa parole féminine.

Ce que Casey a offert à Léna, ce n'est pas seulement une esthétique ou une méthode, c'est une autorisation. L'autorisation de croire qu'on peut faire œuvre avec sa vie. Qu'on peut filmer son quotidien, le monter avec soin, le raconter avec honnêteté, et en faire quelque chose qui touche, qui inspire, qui reste. Cette idée-là, simple et puissante, est au cœur de son cheminement. Et c'est elle qui permet à Léna de ne jamais perdre le fil, même quand le succès commence à redéfinir les contours de sa vie.

En regardant Casey, Léna comprend que la vidéo n'est pas un outil pour montrer qu'on vit. C'est un moyen de vivre plus attentivement. De regarder mieux. D'écouter autrement. De raconter plus profondément. Ce regard-là, elle le porte désormais sur tout ce qu'elle filme. Et grâce à lui, ce qu'elle montre n'est jamais banal. Même une matinée chez elle, un trajet en métro, un moment d'hésitation devant un miroir, deviennent des scènes pleines de sens. Parce qu'au fond, le vrai sujet, ce n'est pas la vie de Léna. C'est ce qu'elle nous aide à voir en nous.

Le début d'un univers cohérent : storytelling, couleurs, musiques

À mesure que les vidéos de Léna gagnent en régularité et en complexité, un phénomène discret mais fondamental s'opère : l'émergence d'un univers. Non pas un décor figé ou une esthétique plaquée, mais un véritable monde cohérent, un style identifiable au premier regard, une signature émotionnelle. Ce que Léna construit entre 2017 et 2019 dépasse la simple addition de vidéos. Elle tisse une trame. Chaque élément visuel ou sonore devient un motif, un repère, un écho. Le storytelling, les couleurs, les musiques s'assemblent pour produire un sentiment de familiarité unique. Entrer dans une vidéo de Léna, c'est entrer chez elle — non pas dans un lieu, mais dans un langage.

Le storytelling, tout d'abord, prend une forme plus assumée. Chaque vidéo raconte quelque chose, même quand "il ne se passe rien". Léna donne une intention narrative à ses séquences. Elle installe une situation, elle crée une attente, elle y répond. Cela peut être une journée de travail, une sortie entre amis, une préparation à un événement, mais toujours avec une ligne claire : ne pas montrer pour montrer, mais faire ressentir. Elle utilise la voix off comme une narration intérieure. Elle y glisse ses pensées, ses doutes, ses envies. Ce n'est pas une démonstration, c'est un partage. Et c'est ce fil discret, cette voix continue, qui donne à chaque vidéo sa profondeur.

Les couleurs deviennent elles aussi un élément central. Léna ne laisse rien au hasard. Elle travaille ses palettes, elle équilibre ses teintes, elle joue avec la lumière naturelle. Il y a chez elle un goût certain pour les tons chauds, les contrastes doux, les ambiances apaisantes. Le rose poudré, le beige, le brun, le doré : ce sont des choix, pas des accidents. Cette cohérence chromatique crée une atmosphère. Elle ne veut pas éblouir, elle veut envelopper. Que l'image respire, que l'œil soit guidé avec douceur, que la vidéo devienne un cocon. C'est cette chaleur visuelle qui rend son univers immédiatement reconnaissable.

La musique, enfin, est traitée avec un soin presque obsessionnel. Chaque morceau est choisi pour ce qu'il produit, non pour ce qu'il représente. Léna refuse les tubes faciles, les musiques attendues. Elle préfère les morceaux discrets, les rythmes doux, les harmonies subtiles. Elle coupe parfois un son après deux mesures, pour laisser un silence plus expressif. Elle remonte une séquence entière si la musique ne colle pas. Ce perfectionnisme n'est jamais pesant. Il est invisible. Mais il agit. Il façonne l'expérience du spectateur sans qu'il en ait conscience. La musique devient un fil émotionnel souterrain.

Ces trois éléments — narration, image, son — ne sont pas simplement juxtaposés. Ils sont intégrés dans une pensée d'ensemble. Léna construit un univers dans lequel chaque détail renvoie à un tout. Les titres de ses vidéos, la typographie, l'ordre des plans, le rythme de publication : tout concourt à créer une unité. Et cette unité n'est pas figée. Elle évolue, elle respire. Elle n'enferme pas, elle accueille. Elle donne au spectateur l'impression d'entrer dans une histoire qu'il connaît déjà, mais qui lui réserve toujours des nuances inattendues.

Ce qui se joue ici est fondamental : Léna ne se contente pas d'exister sur YouTube. Elle s'y incarne. Elle ne diffuse pas un message, elle propose une expérience. Et cette expérience repose sur une cohérence formelle rare dans ce milieu. Elle ne laisse pas la plateforme décider de sa forme. Elle imprime sa marque à la plateforme. Elle transforme l'algorithme en outil, et non en maître. Elle refuse de produire du contenu au sens industriel du terme. Ce qu'elle propose, ce sont des fragments d'univers, des morceaux de regard, des touches de réel retravaillées avec délicatesse.

Les vidéos deviennent alors des épisodes d'une œuvre en cours. Pas une série, pas un concept, mais un fil de vie mis en forme avec constance. Chaque spectateur, en entrant dans cet univers, apprend à en lire les signes. Il reconnaît un ton, une manière de filmer, une cadence. Il se sent chez lui. C'est cette fidélité à une atmosphère, plus qu'à une formule, qui crée l'attachement. Léna n'a pas besoin de slogans. Elle a un style. Et ce style, parce qu'il repose sur une cohérence profonde, devient un refuge pour ceux qui la suivent.

Ce début d'univers cohérent marque un tournant décisif dans sa carrière. Il ne s'agit plus simplement d'enchaîner des vidéos bien montées. Il s'agit de construire une œuvre continue, fluide, organique. Une œuvre où le quotidien devient esthétique, où la forme épouse le fond, où la sincérité rencontre la maîtrise. Et c'est cette alliance, fragile et précieuse, qui fait de Léna Situations bien plus qu'une influenceuse ou une youtubeuse : une autrice du présent, capable de donner à voir, à ressentir et à comprendre à travers son propre langage.

Chapitre 4 – Explosion médiatique (2019–2021)

Les vlogs d'août : un rituel qui redéfinit le format

À partir de 2019, un phénomène singulier commence à s'imposer dans l'univers de Léna Situations : les vlogs d'août. Ce projet, en apparence simple — publier une vidéo par jour durant tout le mois d'août — va rapidement devenir une institution sur sa chaîne. Ce n'est pas une idée nouvelle sur YouTube, plusieurs créateurs ont expérimenté ce type de challenge. Mais chez Léna, ce défi devient un rendez-vous, une création à part entière, une forme renouvelée du journal filmé. Chaque année, elle y revient, et chaque année, elle en fait un terrain d'invention, un espace d'intimité, une vitrine de son évolution personnelle et artistique.

Ce qui distingue les vlogs d'août de Léna de ceux des autres, c'est l'alliance rare entre rigueur formelle et spontanéité réelle. Elle ne se contente pas de filmer ses journées. Elle les transforme. Non pas en les travestissant, mais en les mettant en scène de manière subtile, par le montage, le choix des musiques, les transitions, les silences même. Le rythme est soutenu, les vidéos sont nombreuses, mais jamais bâclées. Elle refuse la facilité de l'automatisme. Chaque épisode est pensé comme un petit film. Le temps passe, les lieux changent, les gens défilent, mais la patte reste la même : une tendresse pour le banal, un soin accordé au moindre détail.

Ce rendez-vous d'août devient un moment de vérité. C'est le mois où elle se montre le plus, sans filtre, sans recul, dans la fatigue du quotidien comme dans l'euphorie des rencontres. On y voit ses amis, sa famille, ses vacances, ses moments de doute aussi. Elle ne cherche pas à donner une image parfaite d'elle-même. Au contraire, elle expose ses fragilités, ses ratés, ses hésitations. Et ce geste, dans un environnement numérique saturé d'images lissées, résonne avec une puissance particulière. Les vlogs d'août deviennent un miroir : les spectateurs y retrouvent une humanité, une proximité, un rythme qui leur ressemble.

Mais ce qui fascine aussi, c'est la discipline que ce rituel implique. Monter et publier une vidéo par jour pendant un mois exige une endurance considérable. Léna ne triche pas. Elle ne pré-filme pas, ne délègue pas, ne ralentit pas le rythme. Elle assume le défi dans toute sa rudesse. Et c'est dans cette rigueur que se révèle la créatrice. Non pas une youtubeuse opportuniste, mais une autrice qui choisit la contrainte comme moteur. Chaque jour, elle recommence. Elle trie, elle coupe, elle assemble, elle raconte. Et chaque jour, elle invente un nouveau moment.

La communauté, durant ce mois-là, devient plus active que jamais. Les commentaires affluent, les spectateurs attendent chaque épisode comme un feuilleton. Il se crée une temporalité partagée. Le mois d'août devient un espace-temps collectif, un espace narratif où Léna n'est plus seulement regardée, mais attendue, reconnue, suivie dans son mouvement. Les vlogs d'août ne sont pas un simple contenu : ce sont des moments de vie partagés. Des jalons dans la mémoire des abonnés. Des repères dans leur propre été.

D'un point de vue formel, les vlogs d'août permettent à Léna d'explorer. Elle tente des transitions inédites, des insertions visuelles, des jeux typographiques. Elle varie les formats : parfois très courts, parfois plus longs, parfois contemplatifs, parfois bavards. C'est un laboratoire ouvert, où elle s'autorise à chercher, à tester, à se tromper. Cette liberté, paradoxalement, est rendue possible par la contrainte. Le fait de devoir publier chaque jour l'oblige à ne pas viser la perfection figée, mais à embrasser le mouvement, le vivant, l'inachevé.

Les vlogs d'août sont aussi une archive. En les regardant rétrospectivement, on voit l'évolution de Léna, de son style, de ses amitiés, de ses lieux, de sa voix. C'est une mémoire de soi, mais aussi une mémoire partagée. Elle y laisse des traces, et ces traces racontent non seulement son été, mais une époque, une génération, une manière d'être jeune, féminine, créative, libre. On y voit Paris, la mer, les terrasses, les rires, les doutes — autant de fragments qui, mis bout à bout, composent une œuvre au présent.

Cette initiative, partie d'un simple défi personnel, devient ainsi un geste artistique répété. Elle le reconduit chaque année, sans jamais le figer. Ce n'est pas un concept à rentabiliser, c'est un rituel à vivre. Elle y revient comme on revient à une saison familière. Avec un mélange de joie, de fatigue, d'appréhension, d'excitation. Et cette sincérité traverse l'écran. Ce que les spectateurs perçoivent, ce n'est pas seulement du contenu régulier. C'est un acte de présence.

Les vlogs d'août ont donc redéfini le format. Non pas en inventant un genre nouveau, mais en montrant qu'un genre existant pouvait être élevé, travaillé, affiné, incarné. Léna y prouve que la vidéo quotidienne peut être autre chose qu'un enchaînement de plans. Elle peut être une écriture. Une narration du réel. Une forme d'art populaire. Et c'est dans cette exigence constante, cette volonté de faire mieux sans jamais trahir l'authenticité, que se dessine une des œuvres les plus singulières du YouTube francophone.

Le rapport à la célébrité : entre pression et distance

À mesure que la notoriété de Léna Situations explose, une question devient centrale dans son parcours : comment vivre la célébrité sans s'y perdre ? Car ce qui se joue à partir de 2019 dépasse largement les frontières de YouTube. Elle devient une figure publique, médiatisée, reconnue dans la rue, sollicitée par les marques, citée dans la presse. Elle entre dans un nouveau territoire, celui de la visibilité totale. Et cette exposition, aussi gratifiante qu'elle puisse paraître, n'est jamais neutre. Elle s'accompagne de projections, de jugements, de tensions. Léna ne l'ignore pas : elle l'anticipe, elle la documente, elle en fait un sujet.

Son rapport à la célébrité n'est ni naïf ni cynique. Elle n'en fait ni un objectif en soi, ni un fardeau héroïque. Elle la vit comme une réalité ambivalente, à la fois stimulante et pesante. D'un côté, elle mesure les opportunités nouvelles : les invitations, les rencontres, les accès facilités à des projets qu'elle n'aurait jamais imaginés quelques années plus tôt. De l'autre, elle ressent l'envahissement progressif de son espace intime. Elle ne peut plus sortir sans être reconnue. Elle devient un visage public, une entité interprétée, parfois réduite à une caricature d'elle-même.

Ce qui frappe, dans cette période, c'est la lucidité avec laquelle elle parle de cette transformation. Elle ne cherche pas à dramatiser, mais elle refuse aussi de banaliser. Elle évoque les pressions nouvelles : devoir être à la hauteur, toujours visible, toujours joyeuse, toujours inspirante. Elle parle de l'épuisement que cela implique, du poids des attentes, du regard permanent posé sur elle. Et en le faisant, elle déconstruit la fascination pour la célébrité sans jamais mépriser ceux qui la vivent comme un rêve. Elle rappelle que l'exposition n'est pas l'accomplissement, mais un déplacement : on cesse d'être seulement soi, on devient une image à porter.

Pour tenir à distance cette image, Léna invente des stratégies. Elle garde des zones de retrait, des espaces privés qu'elle protège. Elle choisit ce qu'elle montre, ce qu'elle tait, ce qu'elle diffère. Elle maîtrise sa parole, non par contrôle excessif, mais par soin de soi. Elle refuse de répondre à toutes les sollicitations. Elle ne commente pas chaque rumeur. Elle n'entre pas dans les logiques de buzz. Ce silence volontaire, dans un univers qui survalorise l'immédiateté, devient un acte de résistance. Elle trace une frontière, mouvante mais réelle, entre ce qu'elle partage et ce qu'elle garde.

Cette distance n'est pas froide. Elle est construite avec intelligence, avec tact. Léna reste accessible, mais elle ne se laisse pas happer. Elle cultive une forme de verticalité légère : elle parle avec ses abonnés, mais elle ne se confond pas avec eux. Elle écoute, mais elle ne se justifie pas sans cesse. Elle avance, consciente que chaque mot peut être détourné, chaque geste surinterprété. Et c'est cette conscience, loin de la paralyser, qui renforce sa présence. Elle devient plus forte parce qu'elle accepte ses fragilités. Plus visible parce qu'elle ne cherche pas à tout montrer.

Le paradoxe de cette période, c'est que plus elle devient célèbre, plus elle approfondit son ton personnel. Là où d'autres se figent dans une image publique, elle choisit de complexifier la sienne. Elle parle de santé mentale, d'anxiété, de pression esthétique. Elle raconte ses journées sans rien glamouriser. Elle se filme sans maquillage, sans lumière flatteuse, dans des moments de doute ou de repli. Ce geste, loin d'être anodin, est une forme de reprise de pouvoir : elle refuse que la célébrité décide pour elle de ce qu'elle doit incarner.

Dans ses vidéos comme dans ses prises de parole, elle parle de cette visibilité nouvelle comme d'un apprentissage. Elle découvre ce que cela fait d'être regardée en permanence. Elle expérimente les limites de la parole publique. Elle traverse les commentaires violents, les critiques injustes, les jugements définitifs. Mais elle apprend aussi à s'en détacher. À ne pas confondre l'opinion passagère et la valeur profonde. À distinguer l'attaque gratuite de la critique utile. Elle affine son écoute, elle renforce son centre.

Cette période marque aussi un tournant dans la manière dont les médias traditionnels la perçoivent. Elle n'est plus seulement "une youtubeuse qui monte". Elle devient une personnalité à part entière. Les plateaux s'ouvrent, les interviews se multiplient, les articles se font plus nombreux. Mais cette reconnaissance, elle l'aborde avec prudence. Elle sait que l'exposition médiatique est un jeu à double tranchant. Elle refuse d'être réduite à un produit, à une tendance. Elle veut être entendue comme une créatrice, pas comme un phénomène.

Ce qui émerge de ce rapport à la célébrité, c'est une pensée de la juste mesure. Léna ne veut pas disparaître, mais elle ne veut pas se dissoudre non plus. Elle cherche une place où l'on peut exister sans se trahir. Où l'on peut être regardée sans être avalée. Où l'on peut parler sans devoir toujours se justifier. Cette quête, elle la mène à tâtons, sans discours dogmatique. Elle en fait une démarche continue, évolutive, vivante. Et c'est précisément ce cheminement, sincère et réfléchi, qui donne à sa célébrité une forme d'exemplarité rare.

La sortie du livre "Toujours plus" : succès et critiques

En septembre 2020, Léna Situations publie un livre au titre évocateur : *Toujours plus*. À première vue, cela peut sembler surprenant. Pourquoi une vidéaste, ancrée dans l'instantanéité de YouTube et des réseaux sociaux, choisirait-elle de s'exprimer dans un format aussi classique, presque lent, que le livre ? La réponse est double : d'une part, parce que Léna a toujours eu une affinité avec les mots, une attention à l'écriture, un goût pour la narration ; d'autre part, parce que ce projet s'inscrit dans la continuité de son parcours — une manière de prolonger son univers, d'en affiner les contours, de poser une parole dans un espace où elle pourra durer.

Le livre n'est pas une autobiographie, ni un manifeste idéologique. C'est un objet hybride, à mi-chemin entre le journal personnel, le guide de motivation, la lettre ouverte à sa communauté. Elle y raconte son parcours, ses épreuves, ses intuitions, ses moteurs. Elle y reprend son mantra, "+ = +", devenu emblématique de sa démarche : une philosophie de l'effort et de la joie, une manière de penser le progrès non comme une course épuisante, mais comme une dynamique personnelle. Ce qu'elle défend, ce n'est pas la réussite comme performance, mais la progression comme chemin.

Le style est fidèle à son ton habituel : direct, sincère, accessible. Elle s'adresse à ses lecteurs comme à ses abonnés. Elle tutoie, elle confie, elle encourage. Ce n'est pas un livre écrit pour impressionner, c'est un livre écrit pour transmettre. Elle y parle d'elle, bien sûr, mais toujours dans une optique de partage. Chaque chapitre propose un angle, une leçon, une expérience. Il ne s'agit pas de donner des recettes miracles, mais de proposer des pistes. De dire : "voici ce qui a marché pour moi, à toi de voir ce que tu veux en faire."

La sortie du livre provoque un phénomène inattendu : en quelques semaines, *Toujours plus* devient un best-seller. Il se hisse en tête des ventes, toutes catégories confondues. Les librairies sont surprises, les médias généralistes commencent à s'interroger. Comment expliquer un tel succès ? La réponse tient en partie à la puissance de sa communauté, fidèle, engagée, réactive. Mais elle ne suffit pas à tout expliquer. Le livre touche aussi un public plus large, au-delà de YouTube. Des adolescentes, bien sûr, mais aussi des jeunes adultes, des parents, des enseignants. Ce qu'on y lit, ce n'est pas seulement l'histoire d'une influenceuse, c'est une forme d'énergie, une voix singulière, une invitation à croire en soi.

Avec ce succès vient aussi une vague de critiques. Certaines sont formulées avec nuance : on interroge la forme, parfois jugée trop simple ; le contenu, parfois vu comme peu approfondi. D'autres critiques sont plus virulentes, parfois condescendantes. On accuse le livre d'être un produit marketing, on dénonce sa place en librairie, on ironise sur son contenu comme sur sa couverture. Léna encaisse, répond peu, observe beaucoup. Elle sait que la réussite, surtout lorsqu'elle vient d'une femme jeune issue d'Internet, dérange encore. Et que cette réception polarisée en dit souvent plus sur la manière dont on considère les créateurs issus des réseaux que sur la qualité réelle de leur travail.

Plutôt que de se justifier, elle continue de défendre la philosophie qui l'a guidée. Pour elle, ce livre n'est pas une démonstration de force, c'est une main tendue. Un moyen de dire : tu as le droit d'essayer. Tu as le droit de rêver grand. Tu as le droit de tomber et de recommencer. Cette bienveillance, souvent moquée par ceux qui n'en ont pas besoin, devient une boussole pour ceux qui se cherchent. Le livre devient un objet de réassurance pour beaucoup, une preuve que l'on peut être vulnérable et ambitieux, doux et déterminé, sincère et structuré.

La couverture rose, les pages aérées, les phrases motivantes peuvent donner l'impression d'un objet "léger". Mais ce qu'il contient, en creux, c'est une éthique. Une manière de se positionner dans le monde. Ne pas écraser, ne pas manipuler, ne pas céder à la violence ambiante. Croire dans le travail. Croire dans les autres. Croire que les choses prennent du temps. Ce message, Léna l'incarne autant qu'elle l'écrit. Et c'est peut-être cette cohérence, entre la forme et le fond, entre la personne et le discours, qui explique le lien si fort tissé avec ses lecteurs.

Avec *Toujours plus*, elle franchit une nouvelle étape. Elle sort de l'écran, entre dans les bibliothèques, s'inscrit dans une autre temporalité. Le livre est un objet qui dure, qui peut être prêté, annoté, relu. Il n'a pas l'instantanéité des stories ni la viralité des tweets. Et pourtant, il touche. Il laisse une trace. Il installe sa voix dans un autre espace. Et Léna, loin de vouloir s'enfermer dans un rôle ou un support, montre ici qu'elle peut exister ailleurs, autrement, avec la même intensité, la même générosité, la même exigence.

L'évolution de l'image publique : influenceuse, entrepreneuse, figure générationnelle

En quelques mois à peine, Léna Situations passe du statut de créatrice YouTube émergente à celui de figure emblématique d'une génération. Cette évolution rapide, visible sur tous les écrans, dans toutes les librairies et sur les réseaux sociaux, ne se résume pas à une montée en notoriété. Elle implique une transformation en profondeur de son image publique. Léna ne devient pas simplement "connue" : elle devient multiple. Influenceuse, certes. Mais aussi entrepreneuse, communicante, référence culturelle pour une partie de la jeunesse française. Et cette diversification ne dilue pas son identité : elle la déploie.

Le mot "influenceuse", d'abord, elle ne le fuit pas. Elle l'accepte, mais elle le redéfinit. Pour elle, il ne s'agit pas de vendre des produits en ligne, mais d'orienter une attention. D'accompagner des regards, d'ouvrir des espaces. Elle ne cherche pas à imposer une manière de vivre. Elle propose des clés, des pistes, des récits. Elle partage ses trouvailles, ses coups de cœur, ses habitudes, sans injonction ni posture. Et ce positionnement éthique, dans un univers souvent saturé de consommation agressive, lui permet de construire une influence fondée sur la confiance, et non sur la manipulation.

Mais elle ne s'arrête pas à ce rôle. Très vite, elle développe un autre versant de sa trajectoire : celui d'une entrepreneuse. Elle gère son image avec une redoutable lucidité, elle structure son activité, elle s'entoure avec soin. Elle collabore avec des marques, mais en impose les conditions. Elle participe à des campagnes, mais n'en fait jamais des vitrines creuses. Elle refuse d'être une égérie décorative. Ce qu'elle propose, c'est une vision. Une esthétique. Une stratégie. Et dans un monde où beaucoup d'influenceurs dépendent d'agences ou de tiers pour exister, Léna affirme une maîtrise rare de sa trajectoire.

Cette autonomie professionnelle s'accompagne d'un autre phénomène : sa reconnaissance comme figure générationnelle. Elle incarne quelque chose. Un ton. Une manière d'être jeune, féminine, urbaine, connectée, bienveillante mais lucide. Elle ne prétend pas parler "au nom" d'une génération, mais elle en devient l'un des visages. Les médias traditionnels, souvent en quête de repères dans le monde numérique, la désignent comme un "phénomène Léna", une passerelle entre la culture web et les institutions. Elle apparaît en couverture de magazines, elle est invitée à des conférences, elle est citée comme modèle dans des enquêtes sociologiques.

Cette exposition lui donne une position délicate. Elle devient un miroir. On projette sur elle des espoirs, des critiques, des attentes. Et elle le sait. Plutôt que de chercher à tout maîtriser, elle choisit une posture ouverte. Elle accepte d'être interrogée, discutée, parfois contestée. Mais elle garde son axe. Elle ne se transforme pas en experte de tout. Elle continue de créer, de raconter, de faire. Elle résiste à la tentation de devenir "institutionnelle". Elle préfère rester en mouvement, en dialogue, en création.

Ce qui rend son image publique si forte, c'est justement cette capacité à conjuguer plusieurs registres sans s'y perdre. Elle peut parler de mode et d'anxiété dans la même vidéo, de stratégie digitale et de chagrin d'amour dans la même phrase. Elle ne cloisonne pas. Elle refuse les dichotomies simplistes. Elle incarne une complexité nouvelle, à la fois accessible et exigeante. Une figure qui ne se réduit pas à une case, mais qui assume ses contradictions, ses métamorphoses, ses recherches.

Cette pluralité s'exprime aussi dans ses apparitions médiatiques. Elle y arrive souvent avec calme, avec une forme de maîtrise douce. Elle ne surjoue rien. Elle ne cherche pas à briller à tout prix. Elle écoute, elle répond, elle nuance. Et cette posture, très rare dans un espace saturé d'ego et d'affirmation, lui confère une autorité inattendue. On la respecte parce qu'elle ne force pas le respect. Elle inspire parce qu'elle ne cherche pas à séduire. Elle donne envie d'écouter, de comprendre, de suivre.

Léna devient ainsi, sans le revendiquer, un modèle d'empowerment discret. Elle ne tient pas de grands discours sur la réussite ou le leadership féminin. Mais elle incarne une manière de faire les choses. Avec sérieux mais sans lourdeur. Avec humour mais sans cynisme. Avec ambition mais sans écraser. Elle montre qu'on peut réussir en étant soi-même, en travaillant dur, en restant fidèle à son ton. Et cette démonstration, bien plus que des slogans, devient un levier puissant pour toute une génération en quête de repères.

Son image publique, loin d'être figée, devient un champ de force. Elle peut y accueillir de nouveaux projets, y faire vivre de nouveaux récits. Elle peut y expérimenter, y échouer, y revenir. Ce n'est pas une icône figée, c'est une présence vivante. Et c'est cette vitalité, cette densité, cette capacité à exister à plusieurs niveaux, qui font de Léna Situations non pas une simple influenceuse, mais une figure culturelle. Quelqu'un avec qui une époque accepte de dialoguer.

Chapitre 5 – Consolidation d'un style (2021–2022)

La maturité créative : affirmer une vision

En 2021, Léna Situations n'est plus une promesse, elle est une évidence. L'énergie de ses débuts n'a pas disparu, mais elle s'est affinée, recentrée, concentrée. Ce qui frappe dans cette période, c'est la manière dont sa création gagne en densité sans jamais se figer. Elle ne cherche pas à "stabiliser" sa carrière, mais à l'approfondir. Ce qu'elle affirme désormais, ce n'est plus seulement un ton ou un style : c'est une vision. Une manière de regarder le monde, de le raconter, de le traverser, et surtout de le transformer en forme.

La maturité créative ne se lit pas uniquement dans la qualité technique de ses vidéos. Elle se mesure dans le soin accordé aux intentions. Chaque projet semble désormais pensé dans un cadre plus large. Léna ne publie plus pour répondre à une attente, mais pour dire quelque chose qu'elle a décidé de formuler. L'impulsion n'est plus dictée par l'algorithme ou par les tendances. Elle vient de l'intérieur. Elle repose sur une conviction intime : elle a des choses à transmettre, à montrer, à partager, et ce qu'elle choisit de produire doit refléter ce qu'elle est vraiment, dans sa complexité et sa clarté.

Ses vidéos se raréfient légèrement, mais deviennent plus travaillées. Elle accepte de moins produire pour mieux créer. Elle préfère se donner du temps, ralentir le rythme, revenir à des formes plus exigeantes. Le résultat est saisissant : les vidéos gagnent en force, en équilibre, en identité. Elles ne cherchent pas à "performer" au sens numérique du terme. Elles cherchent à exister, pleinement. À résonner dans la mémoire de ceux qui les regardent. À laisser une trace au-delà de l'écran.

Cette maturité se manifeste aussi dans ses choix artistiques. Léna ose plus. Elle joue avec les codes, elle détourne les attentes, elle introduit des éléments nouveaux dans ses narrations : des ralentis contemplatifs, des séquences muettes, des intertitres travaillés comme dans un film. Elle prend le risque de surprendre, de dérouter, parfois même de désarçonner. Elle ne veut pas se répéter. Elle refuse d'être prisonnière de son propre succès. Ce refus de l'auto-caricature est au cœur de sa démarche créative. Il signe une confiance nouvelle : celle de pouvoir être attendue sans être prévisible.

Elle affirme aussi, plus clairement qu'avant, son rapport à l'image. Elle sait qu'elle est regardée, interprétée, copiée parfois. Elle sait que son esthétique influence. Mais elle ne cherche pas à devenir une référence figée. Elle cultive au contraire une forme d'instabilité créative. Elle change ses cadrages, ses musiques, ses tons. Elle n'a pas peur de déplaire à ceux qui ne veulent qu'un seul visage d'elle. Et cette liberté assumée fait d'elle une artiste à part entière : une artiste qui pense son art dans la durée, dans la variation, dans la nuance.

Son écriture personnelle prend également de l'ampleur. Dans ses vidéos comme dans ses publications, Léna développe un rapport de plus en plus profond à la parole. Elle écrit, elle réécrit, elle cherche le mot juste. Elle joue avec les silences, avec les suggestions, avec les rythmes du langage. Ce n'est plus seulement une manière de commenter des images : c'est une manière de construire du sens. Elle raconte moins ce qu'elle fait, et davantage ce qu'elle ressent. Elle crée des atmosphères, des espaces de projection, des fragments de mémoire.

La maturité, chez elle, ne s'accompagne pas de renoncement. Elle reste drôle, légère, vive. Mais cette légèreté n'est plus un simple ressort comique : elle devient une couleur, un équilibre. Léna ne cède jamais à la lourdeur du discours sérieux, mais elle ne fuit plus la gravité non plus. Elle parle avec honnêteté de ses fragilités, de ses doutes, de ses contradictions. Et cette parole, qui n'est jamais mise en scène de manière sensationnaliste, construit une forme d'autorité douce. Elle est écoutée parce qu'elle ne cherche pas à s'imposer.

Ce moment de consolidation lui permet aussi de se redéployer. Elle commence à réfléchir à d'autres formats, à d'autres espaces. La vidéo reste centrale, mais elle n'est plus unique. Elle imagine des projets à plus long terme, des collaborations plus artistiques, des expériences hybrides. Elle ne veut pas être assignée à une plateforme. Elle veut pouvoir inventer à chaque fois le bon médium pour le bon message. Et cette volonté d'expansion, loin de diluer son travail, le renforce. Elle devient une créatrice transversale, capable de passer d'un format à l'autre sans perdre sa voix.

Ce qui définit peut-être le mieux cette maturité créative, c'est une forme de calme. Léna n'a plus besoin de prouver. Elle n'a plus besoin de se justifier. Elle avance avec une forme de certitude intérieure, nourrie par l'expérience, par le travail, par la fidélité à elle-même. Et ce calme, dans un écosystème souvent frénétique, devient une force politique. Elle montre qu'on peut réussir sans hurler, sans tricher, sans s'épuiser. Elle montre qu'on peut ralentir et rester visible. Elle montre qu'on peut durer en créant, pas seulement en réagissant.

De la chambre à Dior : la reconnaissance institutionnelle

L'une des métaphores les plus saisissantes du parcours de Léna Situations tient dans ce simple contraste : elle qui a commencé à filmer dans sa chambre, souvent en pyjama, devant un mur nu, se retrouve aujourd'hui au premier rang des défilés de Dior, invitée officielle, regardée, photographiée, reconnue. Ce basculement, loin d'être anecdotique, dit quelque chose de profond sur la manière dont les institutions — mode, luxe, médias — ont fini par accueillir une figure issue du numérique. Et ce glissement ne s'est pas fait par hasard. Il est le fruit d'un travail, d'une vision, d'un refus obstiné de choisir entre l'accessibilité et l'exigence.

La chambre, chez Léna, n'était pas un décor de substitution. C'était un choix. Un espace qui disait la vérité du quotidien, la possibilité de créer sans décor spectaculaire, la capacité à faire œuvre avec ce que l'on a. C'est depuis ce lieu intime qu'elle a conquis un public, forgé son style, affiné sa narration. La chambre devient un symbole de liberté créative : tout y est possible, parce que rien n'y est imposé. Et c'est précisément cette liberté qui lui a permis, paradoxalement, d'atteindre des sphères longtemps inaccessibles aux créateurs de contenu.

L'entrée de Léna dans l'univers du luxe, et notamment dans l'écosystème Dior, n'est pas une opération de communication orchestrée de l'extérieur. Elle naît d'un respect mutuel. Les grandes maisons comprennent que Léna n'est pas une simple relais d'audience : elle est une créatrice à part entière. Elle a une esthétique, une éthique, une capacité à générer du sens. Elle ne se contente pas de porter des vêtements, elle les raconte. Elle les met en scène dans un langage visuel cohérent, maîtrisé, habité. En retour, elle accepte ces invitations sans se dénaturer. Elle ne devient pas une égérie factice. Elle reste Léna, avec son humour, son regard, sa singularité.

Ce rapprochement avec les institutions ne se limite pas à la mode. Il concerne aussi les médias, les maisons d'édition, les écoles, les lieux de légitimation culturelle. On la cite en exemple dans des conférences sur la communication digitale. On l'invite à parler devant des étudiants. On l'interroge sur sa vision de l'influence, sur la représentation des femmes, sur la créativité dans les espaces numériques. Cette reconnaissance n'est pas une simple validation symbolique : elle est la preuve qu'un autre chemin est possible. Celui qui part d'un espace informel, personnel, mais qui, à force de rigueur, d'inventivité et de sincérité, finit par s'imposer comme une référence.

Ce phénomène produit aussi un déplacement du regard. Léna ne cherche pas à devenir "l'une des leurs", au sens d'un renoncement à ses origines numériques. Elle revendique son parcours, elle rappelle d'où elle vient. Elle ne dissimule pas son passé, ses premières vidéos maladroites, ses débuts solitaires. Elle n'oublie pas la chambre. Au contraire, elle l'invoque régulièrement, comme pour rappeler que toute reconnaissance extérieure n'a de valeur que si elle n'efface pas l'origine. Elle ne monte pas dans une hiérarchie, elle élargit le cercle. Elle fait dialoguer les mondes, elle crée des ponts.

Cette reconnaissance transforme aussi la perception de son métier. Longtemps, les créateurs YouTube ont été vus comme des figures à la marge, des artisans du buzz, des vendeurs de produits ou des amuseurs sans légitimité. Léna contribue à changer ce regard. Elle montre que l'on peut être youtubeuse et autrice, influenceuse et penseuse, drôle et sérieuse. Elle défait les oppositions binaires. Elle incarne un professionnalisme nouveau, fondé sur la souplesse, la maîtrise, l'intégrité. Et cette posture force le respect, y compris là où elle n'était pas attendue.

Le respect institutionnel n'empêche pas les tensions. Certains la critiquent, l'accusent de se compromettre, de "se vendre". D'autres l'érigent en modèle figé, incapable d'évoluer sans trahir une forme d'authenticité originelle. Léna refuse ces deux pièges. Elle avance. Elle accepte de changer, mais sans céder. Elle entre dans les lieux de pouvoir sans s'y perdre. Elle y apporte autre chose : de la fraîcheur, de la lucidité, du jeu. Elle y introduit son monde, ses références, ses manières de faire. Elle n'est pas une invitée silencieuse, elle est une présence active.

L'une des forces de Léna dans cette période, c'est sa capacité à rester accessible. Même dans les contextes les plus prestigieux, elle garde son ton, son humour, son honnêteté. Elle montre les coulisses, elle parle de son stress, de sa surprise, de ses maladresses parfois. Elle désacralise sans dévaloriser. Elle rappelle que derrière chaque moment de lumière, il y a du travail, du doute, de la préparation. Et cette transparence, rare dans les sphères de la mode ou du luxe, crée un lien puissant avec son public.

La reconnaissance institutionnelle ne vient donc pas effacer l'identité initiale de Léna. Elle l'enrichit. Elle lui donne de nouveaux cadres, de nouveaux moyens, de nouveaux interlocuteurs. Elle n'est pas une fin, mais une étape. Et c'est parce que Léna ne cherche jamais à figer son image qu'elle parvient à franchir ces seuils sans se trahir. Elle garde la chambre dans sa tête, même en robe Dior. Et c'est cette fidélité invisible, cette mémoire du point de départ, qui rend chacun de ses pas vers le centre d'autant plus significatif.

Un rapport apaisé à la caméra : intimité et distance

Au fil des années, Léna Situations a construit avec la caméra un lien singulier, à la fois fluide, maîtrisé, et profondément humain. Ce rapport, qui a évolué au rythme de sa trajectoire, atteint entre 2021 et 2022 une forme de maturité tranquille. La caméra n'est plus un outil à dompter, ni un miroir intimidant. Elle devient un partenaire. Un prolongement naturel de sa voix, de ses gestes, de son regard. Cette aisance nouvelle ne signifie pas un relâchement : elle est le fruit d'un apprentissage lent, d'une écoute constante de soi, et d'une capacité rare à renouveler la confiance dans l'image sans en être prisonnière.

Léna n'a jamais été dans la surperformance face à l'objectif. Dès ses premières vidéos, elle s'adresse à la caméra comme à une amie : avec naturel, avec humour, avec un mélange d'assurance et de doute. Mais dans cette période, quelque chose change. Elle ne cherche plus à se convaincre qu'elle est à sa place : elle sait qu'elle y est. Ce savoir intime transforme son jeu face caméra. Elle ne surjoue pas, elle n'explique plus tout. Elle laisse venir. Elle laisse respirer. Elle se permet des silences, des regards, des gestes inachevés. La caméra n'est plus un témoin à convaincre. Elle est un espace d'accueil.

Cette sérénité se ressent dans le rythme des vidéos. Léna ne force plus la proximité. Elle n'impose rien. Elle laisse le spectateur venir à elle. Elle ne cherche pas à occuper tout l'espace visuel ou sonore. Au contraire, elle crée des vides, des marges, des flous. Elle autorise l'ambiguïté, l'imperfection. Elle ne s'inquiète plus de remplir chaque plan, chaque phrase, chaque minute. Et dans ce relâchement maîtrisé, elle atteint une forme de vérité. Elle ne joue plus la personne à l'aise : elle est à l'aise, même dans les moments de gêne.

Cette évolution se double d'un mouvement inverse : une plus grande distance avec l'image d'elle-même. Léna ne se regarde plus avec la même intensité. Elle ne cherche plus à tout valider, à tout corriger. Elle accepte l'image comme une traduction possible, jamais comme une essence. Elle montre, sans surcontrôler. Elle monte, sans surcadrer. Elle laisse les plans s'installer, même s'ils ne sont pas flatteurs. Elle assume les visages fatigués, les vêtements simples, les regards perdus. Et cette honnêteté, loin de la fragiliser, la renforce.

Elle sait aussi que l'image est un piège. Qu'on peut s'y enfermer, qu'on peut en devenir esclave. Elle en parle, avec lucidité. Elle raconte les moments où elle ne veut plus se filmer, les jours où la caméra semble trop lourde, trop intrusive. Elle ose prendre des pauses. Elle ose ne pas publier. Elle ose dire qu'elle n'est pas toujours prête. Et cette transparence ne rompt pas le lien avec son audience : elle l'humanise. Elle montre qu'être visible n'est pas une obligation constante. Qu'on peut exister autrement, ailleurs, sans tout documenter.

Cette capacité à instaurer une distance juste est ce qui rend son rapport à la caméra si singulier. Elle ne cherche pas à disparaître derrière le montage, mais elle ne s'expose pas non plus sans filtre. Elle choisit ce qu'elle montre, et surtout comment elle le montre. Elle module l'intimité. Elle garde pour elle certaines émotions, certains lieux, certaines relations. Elle ne transforme pas sa vie en contenu. Elle transforme certains fragments de vie en formes. Et cette distinction, essentielle, est ce qui la distingue de tant d'autres créateurs.

La voix off devient alors un espace de recul. Elle ne vient plus combler un vide ou justifier les images. Elle devient un contrepoint, un espace réflexif, parfois même une forme de distance ironique. Léna joue avec les registres, avec les niveaux d'adresse. Elle parle à son audience, mais aussi à elle-même, à son futur, à ses souvenirs. Elle se filme, mais elle se regarde moins. Elle se raconte, mais elle ne se dissèque pas. Elle tient l'équilibre, fragile et beau, entre la proximité et la réserve.

Ce rapport apaisé à la caméra se traduit aussi par une forme nouvelle de douceur. Les plans deviennent plus lents, plus posés. La lumière naturelle est davantage utilisée. Les mouvements sont moins nerveux, plus amples. Elle filme non seulement ce qu'elle fait, mais ce qu'elle voit. Elle montre les détails, les textures, les lumières. Elle sort d'elle-même. Elle devient regard. Elle devient témoin. Elle donne à voir ce qui l'entoure avec une générosité calme.

La caméra, dans cette phase, n'est plus un objet technique. Elle est une présence. Une présence discrète, mais essentielle. Elle accompagne, elle accueille, elle retranscrit. Léna ne cherche plus à s'imposer à elle. Elle compose avec elle. Et cette composition donne naissance à des vidéos qui respirent, qui durent, qui touchent sans insister. Des vidéos où l'image n'est pas une preuve, mais une trace. Une mémoire. Une forme d'écriture ouverte.

Une esthétique du réel : filmer ce qui ne se voit pas

Ce qui définit peut-être le plus profondément le style de Léna Situations entre 2021 et 2022, c'est sa capacité à filmer ce qui, d'ordinaire, échappe à la caméra. Non pas en dévoilant des secrets ou en transgressant les tabous, mais en captant l'infra-ordinaire. Ce que personne ne regarde vraiment. Ce que tout le monde traverse sans le noter. Ce qui ne frappe pas immédiatement, mais qui, une fois montré, devient bouleversant de justesse. Léna ne filme pas pour montrer ce qui se passe. Elle filme pour révéler ce qui existe sans faire de bruit.

Dans ses vidéos, les objets parlent, les silences pèsent, les gestes minuscules deviennent signifiants. Un regard, un soupir, un rayon de soleil sur un mur, un t-shirt froissé posé sur un lit — ces fragments, que d'autres couperaient sans y penser, deviennent chez elle des unités de sens. Ce n'est pas une volonté d'esthétiser le banal. C'est une volonté de lui rendre sa place, sa densité, son droit d'être vu. Léna travaille à partir du réel, mais elle y imprime une lecture poétique. Elle ne trahit rien : elle décale légèrement le regard.

Cette approche du réel est d'autant plus puissante qu'elle est discrète. Elle ne revendique pas son originalité. Elle s'impose par le ressenti. Les vidéos de Léna n'impressionnent pas par leur virtuosité technique ou par leur ambition narrative. Elles touchent parce qu'elles trouvent, dans le flux du quotidien, une matière sensible. Elles montrent ce que le réel contient d'imperceptible : la fatigue accumulée dans un regard, la tendresse contenue dans un silence, la joie fragile d'un matin lumineux.

Filmer ce qui ne se voit pas, c'est aussi filmer ce qui n'est pas fait pour être filmé. Léna introduit dans ses vidéos des espaces de retrait, des zones d'ombre, des demi-mots. Elle ne force pas l'aveu, elle ne pousse pas à la confidence. Elle laisse venir. Et c'est précisément cette patience, cette attention, cette écoute silencieuse, qui permet à ses vidéos de capter autre chose que de l'image : une vibration, une émotion, une trace. Elle ne filme pas pour montrer, elle filme pour sentir. Et cette sensibilité, intransmissible par les mots seuls, fait naître un autre rapport au spectateur.

Cette esthétique du réel suppose aussi une certaine forme de solitude. Pour voir ce que les autres ne regardent pas, il faut s'écarter. Ralentir. Sortir du flux. Léna ne suit pas les formats du moment. Elle n'adopte pas les codes en vogue. Elle reste fidèle à un rythme intérieur. Elle filme quand elle sent que quelque chose mérite d'être retenu, même si ce quelque chose n'a ni titre, ni climax, ni hashtag. Elle préfère la sincérité à la visibilité immédiate. Et c'est ce refus des effets attendus qui rend ses vidéos si singulières.

La musique joue ici un rôle fondamental. Elle n'illustre pas. Elle révèle. Léna choisit ses morceaux avec soin, non pour habiller ses images, mais pour en faire ressortir la texture cachée. Une scène de rien peut devenir bouleversante si elle est accompagnée du bon accord. Un mouvement sans importance peut devenir danse si le rythme épouse le regard. Elle ne cherche pas à imposer une émotion. Elle suggère. Elle ouvre un espace dans lequel le spectateur peut projeter la sienne.

Cette esthétique se construit aussi dans le montage. Léna coupe là où d'autres laisseraient filer, et laisse filer là où d'autres coupleraient. Elle ne cherche pas l'efficacité. Elle cherche l'équilibre. Le bon tempo. Celui qui laisse respirer l'image, qui laisse du temps au spectateur pour voir vraiment. Elle refuse le zapping. Elle installe. Elle propose. Elle donne à voir, au sens fort : non pas simplement rendre visible, mais faire acte de donation. Offrir un morceau de réel, travaillé, éclairé, respecté.

Filmer ce qui ne se voit pas, c'est aussi s'ouvrir à l'inattendu. Léna laisse une part de hasard dans ses vidéos. Elle ne planifie pas tout, ne scénarise pas à l'extrême. Elle sait que le réel est plus riche que n'importe quelle idée préconçue. Et c'est dans cette ouverture au monde qu'elle trouve sa force. Une porte qui claque, un nuage qui passe, une main qui hésite : tout peut devenir matière à film, dès lors qu'on le regarde avec attention.

Ce regard, elle ne le revendique pas comme supérieur. Elle ne prétend pas faire "du cinéma". Elle n'essaie pas de transcender son support. Elle reste dans le vlog, dans la vidéo courte, dans le présent. Mais elle y met une densité qui élève ce format. Elle montre que le réel, même le plus ténu, peut devenir œuvre. Qu'il n'est pas besoin de fiction pour toucher. Que la vie, dans ses recoins les plus modestes, contient une beauté que seule une caméra juste peut révéler.

Ainsi se construit, jour après jour, vidéo après vidéo, une esthétique du réel qui ne copie pas le monde, mais qui l'éclaire de l'intérieur. Léna ne filme pas ce que les autres montrent. Elle filme ce que les autres vivent sans le voir.

Et c'est dans cette capacité à nommer l'invisible, à donner forme à l'inexprimé, qu'elle affirme, plus que jamais, sa place d'autrice.

Chapitre 6 – Une créatrice dans la mode (2022–2023)

Léna et le vêtement : goût, sens, image

Le vêtement, dans l'univers de Léna Situations, n'est jamais un simple accessoire. Il ne sert pas seulement à s'habiller, à s'embellir ou à se différencier. Il est un langage. Une forme d'expression personnelle, une manière de raconter qui elle est, ce qu'elle ressent, ce qu'elle veut montrer — ou taire. À partir de 2022, alors que sa reconnaissance dans le monde de la mode s'accélère, ce rapport au vêtement prend une place de plus en plus visible, et surtout de plus en plus construite. Ce n'est pas une mue opportuniste. C'est une affirmation. Léna ne se contente pas d'avoir du style : elle pense avec le style.

Ce goût, elle le cultive depuis longtemps. Dès ses premières vidéos, on pouvait lire dans ses choix vestimentaires une forme de narration implicite. Elle osait déjà mélanger des pièces inattendues, jouer avec les volumes, oser des associations peu vues sur les réseaux français. Elle ne cherchait pas à correspondre à une norme, mais à traduire une humeur, une idée, une ambiance. Ce qui lui plaît dans le vêtement, ce n'est pas tant la conformité à une tendance que la liberté de recomposer à chaque fois une silhouette à son image. Le vêtement devient un outil de storytelling visuel.

Cette sensibilité au vêtement prend une nouvelle ampleur lorsqu'elle entre plus directement en dialogue avec les sphères de la mode. Invités aux Fashion Weeks, partenariats avec des maisons de luxe, rencontres avec des designers : elle découvre un monde qui, loin de la décourager, la stimule. Elle n'y arrive pas en touriste. Elle y entre comme une observatrice attentive, une amoureuse du détail, une curieuse enthousiaste. Elle comprend vite que la mode, lorsqu'elle est pensée, peut devenir un art total : un art du corps, du récit, de l'apparition.

Mais elle ne se transforme pas pour autant en pur produit de l'industrie. Elle garde son œil, son ton, sa distance. Elle refuse l'uniformisation. Elle n'adopte pas les codes du luxe sans les retravailler. Elle ne devient pas mannequin, ni icône glacée. Elle reste une fille qui s'habille — mais qui s'habille avec une conscience aiguë de ce que l'habit peut dire. Elle ne survalorise pas l'esthétique au détriment du sens. Elle cherche toujours l'ajustement entre ce qu'elle est et ce qu'elle porte. Et c'est cette cohérence, plus que le vêtement lui-même, qui la distingue.

Ce goût du vêtement devient aussi un vecteur d'image. Les looks de Léna sont scrutés, commentés, repris. Elle devient une référence pour toute une génération qui ne se reconnaît ni dans les standards figés de la haute couture, ni dans les diktats des tendances de masse. Elle propose autre chose : une élégance décontractée, une fantaisie assumée, une inventivité joyeuse. Elle montre qu'on peut s'habiller sérieusement sans se prendre au sérieux. Et surtout, qu'on peut habiter ses vêtements sans s'y perdre.

Le vêtement devient alors un prolongement de son identité numérique. Il ne s'agit pas de dissocier le style de la parole, ni de créer une fracture entre l'image et le message. Au contraire, Léna réussit à intégrer ses choix vestimentaires dans son univers global. Les vêtements qu'elle porte dans ses vidéos, dans ses stories, dans ses apparitions publiques, racontent tous une facette de sa personne. Ils traduisent une humeur du jour, une prise de position implicite, une manière d'occuper l'espace. Elle ne performe pas un rôle. Elle incarne une esthétique.

Cette esthétique n'est pas figée. Elle varie selon les moments, les lieux, les humeurs. Elle peut être streetwear un jour, romantique le lendemain, ultra graphique ou faussement négligée. Mais dans toutes ces variations, il y a une ligne claire : une liberté créative, un goût pour l'assemblage, un refus de l'uniformité. Elle n'a pas de "tenue signature" parce qu'elle ne croit pas à l'assignation. Ce qu'elle signe, c'est l'audace du mélange, la justesse de l'intuition, la cohérence du geste.

Ce rapport au vêtement devient aussi, peu à peu, un geste politique. Léna parle de l'importance de s'habiller pour soi, de choisir ce qui nous plaît, de résister à la tyrannie des corps parfaits et des looks imposés. Elle dédramatise la mode tout en la respectant. Elle montre qu'on peut aimer s'habiller sans devenir esclave d'une image. Elle incarne une forme d'empowerment doux, inclusif, joyeux. Elle ne donne pas des leçons de style : elle donne envie d'oser.

Dans cette période, elle réfléchit aussi à des projets plus personnels liés à la mode. Elle ne cherche pas à lancer une marque pour cocher une case. Elle veut que chaque proposition vienne d'un désir réel, d'une réflexion créative. Elle veut que le vêtement qu'elle propose soit habité par un sens, une forme, une cohérence avec son univers. Elle ne veut pas vendre une image : elle veut prolonger une vision.

Ainsi, le vêtement devient pour Léna bien plus qu'un outil de visibilité. Il est un moyen de dire, de relier, de construire. Une manière de s'inscrire dans le monde tout en y apportant sa touche. Une manière de composer un discours avec de la matière. Une manière, enfin, de rester fidèle à cette idée qui la guide depuis toujours : faire de soi un lieu de création.

Front row : mode, médias, stratégie

Léna Situations en front row d'un défilé Dior : cette image, devenue emblématique, ne résume pas seulement une réussite personnelle. Elle symbolise un basculement culturel. Celui d'une génération de créateurs issus d'Internet qui accède enfin aux premiers rangs de la mode, non par effraction, mais par invitation. Et dans ce paysage en mutation, Léna ne se contente pas d'occuper une place. Elle redéfinit ce que signifie être là. Elle transforme une présence en position, une image en stratégie, une invitation en geste culturel.

Être assise en front row, ce n'est pas seulement assister à un défilé. C'est être regardée pendant qu'on regarde. C'est participer à un jeu d'apparences, de signes, de hiérarchies silencieuses. C'est aussi occuper symboliquement un espace de pouvoir. Les places ne sont pas distribuées au hasard : elles reflètent une cartographie de l'influence. Y figurer signifie être reconnue comme une voix qui compte. Et Léna, dans cette configuration, ne joue pas un rôle secondaire. Elle est au centre. Filmée, photographiée, scrutée — mais aussi écoutée.

Léna ne se laisse pas simplement porter par cette reconnaissance. Elle l'anticipe, la pense, la met en scène à sa manière. Elle sait que la présence en front row est aussi une matière narrative. Elle l'intègre à ses vlogs, à ses stories, à ses réflexions. Elle ne sépare pas la mode de la médiatisation. Elle fait de cet espace une extension de son langage visuel. Elle montre l'avant, le pendant, l'après. Elle filme les coulisses, les trajets, les hésitations. Et ce faisant, elle désacralise sans dévaloriser. Elle raconte la mode comme une aventure vécue, pas comme une vitrine inatteignable.

Cette démarche est profondément stratégique, au sens noble du terme. Léna comprend que la mode est une scène à part entière. Elle ne se contente pas d'y être : elle y joue avec ses propres règles. Elle s'habille pour être vue, mais toujours à sa manière. Elle choisit ses pièces, ses associations, ses marques avec soin. Elle sait qu'une tenue est un message. Elle refuse le déguisement. Elle cherche l'équilibre entre l'audace et la fidélité à son style. Elle compose des looks qui disent à la fois : "je suis ici" et "je reste moi".

Les médias, de leur côté, l'accueillent avec curiosité, parfois avec réserve, souvent avec enthousiasme. Elle incarne une nouvelle manière de raconter la mode : plus rapide, plus incarnée, plus sincère. Là où la presse traditionnelle opère dans un temps long, avec des filtres et des hiérarchies anciennes, Léna fonctionne en direct, dans l'émotion, dans le lien immédiat avec son public. Elle fait entrer le défilé dans les téléphones. Elle transforme un événement élitiste en moment collectif. Elle crée du récit là où il n'y avait souvent qu'un alignement de silhouettes.

Mais elle ne se contente pas de documenter. Elle analyse, à sa manière. Elle parle des tendances, des matériaux, de la scénographie, des partis pris. Elle ne se revendique pas experte, mais elle assume un regard informé, sensible, engagé. Elle montre qu'on peut aimer la mode sans en être prisonnier. Qu'on peut l'admirer sans la sacraliser. Qu'on peut y entrer sans s'y dissoudre. Et cette posture, à la fois respectueuse et libre, fait d'elle une interlocutrice crédible, même auprès des maisons les plus établies.

Ce positionnement est aussi une manière de penser la temporalité. Léna n'est pas là pour brûler une étape, pour tout conquérir d'un coup. Elle avance à son rythme, sans se précipiter, sans chercher à transformer chaque apparition en opération commerciale. Elle refuse l'épuisement médiatique. Elle cultive la rareté relative. Elle choisit ses événements, ses apparitions, ses prises de parole. Et cette maîtrise du tempo, rare dans l'univers de l'influence, lui permet de durer, de se renforcer, de ne pas devenir une image parmi d'autres.

Être en front row, pour Léna, c'est aussi représenter quelque chose. Une génération, une culture, une diversité. Elle ne le revendique pas bruyamment, mais elle en est consciente. Elle sait ce que signifie, dans un monde encore largement normé, le fait d'être une jeune femme issue d'Internet, non blanche, assise au premier rang. Elle n'en fait pas un drapeau, mais elle n'élude pas non plus. Elle existe là, pleinement, et cette existence est en soi un acte. Un déplacement. Une réinscription.

La stratégie de Léna n'est donc pas une stratégie d'occupation passive. C'est une stratégie d'incarnation active. Elle fait de chaque apparition une scène. Elle y projette son style, sa parole, son regard. Elle refuse les apparences creuses. Elle cherche le sens, même dans le détail. Et c'est cette capacité à être à la fois légère et précise, immédiate et construite, qui fait d'elle une créatrice de récit bien plus qu'une simple figure de mode.

Ainsi, sa place en front row n'est ni un aboutissement, ni un simple décor. C'est une étape dans une trajectoire pensée. Une manière de dire qu'on peut venir de la chambre, entrer dans la lumière, et y rester sans renoncer à sa voix. Une manière, surtout, de rappeler que la mode n'est pas un monde à part : c'est un espace à investir, à raconter, à habiter avec justesse.

La mode comme narration : looks, vlog, identité

Pour Léna Situations, la mode n'est pas une vitrine, mais une narration. Un récit que l'on écrit jour après jour, vêtement après vêtement, vidéo après vidéo. Ce rapport au vêtement comme langage, déjà perceptible dans ses débuts, prend une ampleur nouvelle à partir de 2022. Chaque look devient un chapitre. Chaque vlog, une scène.

Chaque apparition, une prise de parole silencieuse mais signifiante. La mode n'est plus simplement un style : elle devient le fil conducteur d'un récit de soi, mouvant, fluide, incarné.

Ce récit s'inscrit d'abord dans l'image. Léna ne choisit jamais une tenue au hasard. Elle compose. Elle assemble. Elle imagine. Mais surtout, elle raconte. Le vêtement n'est pas là pour attirer l'attention, ni pour impressionner : il est là pour faire écho à une humeur, un moment, un lieu. Elle pense ses tenues comme une bande-son visuelle. Une palette de couleurs, de formes, de textures qui accompagne l'état d'esprit du jour. Dans ses vidéos, chaque plan est travaillé pour que l'image dise quelque chose d'elle — même lorsqu'elle ne parle pas.

La mode entre ainsi dans la structure même de ses vlogs. Elle ne fait pas de ses vêtements le centre de ses vidéos, mais elle les rend présents, discrets, évocateurs. Elle ne les désigne pas toujours explicitement : ils sont là, dans le champ, comme des éléments du décor. Mais ce décor est vivant. Il bouge avec elle. Il reflète ses mouvements, ses humeurs, ses choix. Et petit à petit, pour ceux qui la suivent, les vêtements deviennent des repères narratifs. Un manteau rouge porté dans une vidéo d'hiver à Paris, une robe fluide dans une séquence de vacances, un ensemble structuré pour une rencontre professionnelle — chacun raconte quelque chose.

Cette manière d'intégrer la mode dans son récit personnel permet à Léna de construire une identité visuelle d'une grande cohérence, sans jamais tomber dans la répétition. Elle ne se fige pas dans un style unique. Elle joue avec les registres, avec les codes. Elle peut être sophistiquée, décontractée, vintage, avant-gardiste. Mais ce qui demeure, c'est la justesse du lien entre ce qu'elle porte et ce qu'elle vit. Elle ne déguise pas ses émotions. Elle les accompagne visuellement. Elle fait de chaque jour une scène et de chaque tenue une mise en espace de son être.

Ce geste est d'autant plus puissant qu'il ne se revendique pas. Léna ne donne pas de leçons de mode. Elle ne cherche pas à éduquer son public. Elle n'impose rien. Elle montre, simplement, ce que cela peut vouloir dire de s'habiller en accord avec soi-même. Et cette absence d'injonction ouvre une liberté. Elle invite chacun à inventer sa propre narration vestimentaire. À penser son style non comme une conformité à un modèle, mais comme une exploration personnelle. Un journal intime porté sur soi.

Dans cette dynamique, le vlog devient un support hybride, entre film du quotidien et carnet de style implicite. Léna y mélange les genres sans effort. On y passe d'un plan de cuisine à une séquence de préparation vestimentaire, d'une balade urbaine à une réflexion intime. Le vêtement est présent partout, mais jamais central. Il est là comme une respiration visuelle, une ponctuation de la vie filmée. Et ce qui se construit, au fil de ces images, c'est une forme de mode vécue : incarnée, mobile, enracinée dans le réel.

Cette mode vécue contraste avec les représentations classiques du style sur les réseaux. Là où l'influence vestimentaire se traduit souvent par des photos figées, des poses millimétrées, des fonds neutres, Léna propose des looks en mouvement. Elle ne fige pas. Elle montre. Elle porte. Elle traverse la ville, elle monte des escaliers, elle prend le métro, elle mange, elle court. Le vêtement devient fonctionnel, vivant, inscrit dans un contexte. Et cette inscription lui donne une puissance nouvelle : il n'est plus seulement beau, il est vrai.

Ce réalisme ne l'empêche pas de rêver. Certains looks sont clairement pensés comme des gestes artistiques, comme des clins d'œil esthétiques. Mais même ces moments-là ne sont jamais déconnectés. Ils font partie d'un continuum. Léna ne joue pas un rôle. Elle explore des versions d'elle-même. Elle ne construit pas une image artificielle. Elle fait émerger une identité plurielle, souple, assumée. Et cette plasticité, loin d'être un flou, devient une forme de fidélité à sa propre complexité.

La mode, chez Léna, n'est donc pas un territoire isolé. C'est un langage intégré. Un outil de récit. Une manière de dire sans expliquer. Et c'est précisément cette intégration fluide, cette capacité à mêler les formes sans les hiérarchiser, qui fait d'elle une créatrice d'un genre nouveau. Ni styliste, ni simple modèle, ni communicante : une narratrice du réel, qui écrit avec ses vêtements une histoire qu'elle filme, qu'elle monte, qu'elle partage.

Une icône contemporaine : féminité, diversité, représentation

À ce stade de sa trajectoire, Léna Situations n'est plus seulement une influenceuse, ni même une créatrice reconnue dans les milieux de la mode. Elle devient une figure. Une image qui circule, qui inspire, qui questionne. Une icône contemporaine au sens le plus large : non comme symbole figé, mais comme présence vivante dans l'imaginaire collectif. Cette icône, Léna ne la construit pas par calcul. Elle ne la revendique pas. Elle en devient la dépositaire parce qu'elle incarne, sans forcer, une série de dimensions qui touchent profondément sa génération : une féminité décomplexée, une approche inclusive de la beauté, un rapport détendu et puissant à la représentation de soi.

Sa féminité, d'abord, est une construction en perpétuelle évolution. Elle ne répond à aucun canon figé. Elle peut être sensuelle, joueuse, sobre, extravagante, douce ou affirmée. Elle ne s'enferme pas dans une posture unique. Elle explore. Elle varie. Elle se cherche parfois, et c'est justement dans cette recherche qu'elle touche. Léna ne prétend pas "savoir ce qu'est être une femme". Elle montre, au contraire, que cela peut être multiple, contradictoire, mouvant. Elle ne donne pas de définition, mais elle incarne un espace de liberté, où chacune peut inventer la sienne.

Cette ouverture se double d'un engagement discret mais profond pour la diversité. Léna ne fait pas de militantisme spectaculaire, mais sa simple présence dans des espaces longtemps homogènes est en soi un acte. Elle est une femme non blanche, issue de l'univers numérique, invitée dans les lieux les plus symboliques de la mode et de la culture. Elle n'en fait pas un argument marketing. Elle n'en parle pas sans cesse. Mais elle sait ce que cela signifie pour d'autres, plus jeunes, de la voir là. Et elle porte cette visibilité avec une forme d'élégance tranquille, sans forcer le message, sans en amoindrir la portée.

Ce que Léna propose, c'est une nouvelle manière d'habiter l'image. Elle ne cherche pas à tout maîtriser, mais elle refuse d'être capturée. Elle montre ce qu'elle veut montrer. Elle garde ce qu'elle veut garder. Elle refuse le dévoilement total, mais elle n'impose pas non plus une version lisse d'elle-même. Elle laisse place au trouble, à l'ambivalence, à la nuance. Et c'est dans ce refus de la simplification qu'elle devient une figure crédible de son époque : parce qu'elle ne prétend pas à la perfection, elle donne à voir une humanité réelle.

Sa position d'icône contemporaine repose aussi sur une fidélité aux autres. Elle parle souvent de ses abonné·es comme d'une communauté, mais ce mot n'est pas vide. Elle cultive le lien. Elle répond. Elle partage. Elle soutient. Elle se rend accessible sans se diluer. Et ce lien, nourri au quotidien, fonde une forme de légitimité que les institutions, à leur tour, viennent reconnaître. Elle n'est pas adoubée par le haut. Elle est portée par le bas, par des milliers de personnes qui se reconnaissent en elle, ou qui, tout simplement, se sentent mieux grâce à elle.

Cette dimension collective s'élargit encore lorsqu'on pense à son rôle dans la représentation des corps, des parcours, des sensibilités. Léna ne parle pas seulement de style. Elle parle aussi de santé mentale, d'anxiété, de complexes, de pression sociale. Elle ne le fait pas pour s'attirer des sympathies, mais parce qu'elle considère que ces sujets font partie de la vie. Elle les aborde avec pudeur, mais sans détour. Et en les intégrant à son univers, elle construit une représentation de soi qui ne passe pas uniquement par la performance, mais aussi par la vulnérabilité.

Dans ses collaborations, dans ses choix publics, dans ses silences aussi, Léna élabore une figure hybride, à la fois médiatique et intime. Elle n'appartient pas aux codes anciens des célébrités classiques, ni aux nouvelles figures ultra lissées des plateformes. Elle trace une ligne à part. Une ligne qui dit : on peut être multiple, on peut se chercher, on peut exister à sa manière. Et c'est ce message implicite qui résonne chez celles et ceux qui la suivent, au-delà des apparences.

Être une icône contemporaine, pour Léna, ce n'est pas se statufier. C'est accepter d'être vue tout en gardant le droit d'évoluer. C'est refuser d'être enfermée dans une image figée, tout en assumant la charge symbolique qu'on porte. C'est habiter une époque, non en la reflétant mécaniquement, mais en y proposant des formes, des récits, des gestes nouveaux. Et dans ce rôle, qu'elle n'a jamais cherché mais qu'elle assume peu à peu, elle déplace les lignes de ce qu'il est possible d'être pour une jeune femme créatrice aujourd'hui.

Ce déplacement, elle l'opère sans fracas, mais avec constance. Elle avance, elle s'affirme, elle creuse. Elle n'exhibe pas sa force : elle la montre dans la durée, dans le soin, dans la fidélité à son monde intérieur. Et c'est cette force douce, cette capacité à tenir sa place sans écraser, à ouvrir des espaces sans se perdre, qui fait d'elle une véritable icône de notre temps.

Chapitre 7 – Une voix pour une génération (2023–2024)

Une parole écoutée : médias, conférences, prises de position

En 2023, Léna Situations franchit un nouveau seuil. Elle n'est plus seulement suivie, regardée, admirée. Elle est écoutée. Sa parole, longtemps considérée comme celle d'une influenceuse parmi d'autres, acquiert une légitimité nouvelle. On ne l'interroge plus seulement sur ses routines ou ses préférences stylistiques. On la convie à des tables rondes, à des conférences, à des émissions de fond. On attend d'elle qu'elle dise quelque chose du monde, de sa génération, de l'époque. Et elle accepte cette place, sans s'en enorgueillir, mais en l'abordant avec une lucidité remarquable.

Ce changement n'est pas venu d'un coup. Il est le fruit d'une cohérence, d'une continuité, d'une présence constante et nuancée dans l'espace public. Léna n'a jamais été de celles qui cherchent à "faire le buzz" par des déclarations provocatrices ou des polémiques opportunes. Elle a toujours préféré la parole lente, le commentaire réfléchi, la confidence maîtrisée. Mais c'est justement cette modération, dans un univers souvent agité par les excès, qui lui donne aujourd'hui une autorité nouvelle. Elle incarne une forme de parole stable, équilibrée, ancrée dans l'expérience.

Les médias généralistes ne s'y trompent pas. Ils la sollicitent de plus en plus, non seulement pour commenter l'actualité numérique ou culturelle, mais aussi pour témoigner d'un rapport au monde. Elle est invitée à parler de santé mentale, de rapport à l'image, d'engagement social. Elle ne prétend jamais avoir réponse à tout. Mais elle apporte un regard : honnête, accessible, empathique. Elle ne parle pas pour imposer une opinion, mais pour ouvrir un espace de compréhension. Et cette posture, rare, devient précieuse.

Léna accepte aussi de sortir de sa zone de confort. Elle participe à des conférences, notamment dans des institutions éducatives ou culturelles. Elle y partage son parcours, ses intuitions, ses limites aussi. Elle y parle avec une grande clarté des enjeux liés à sa génération : la pression de réussir vite, la difficulté de se construire dans un monde surexposé, le besoin de repères sans dogme. Elle ne se positionne pas comme une experte, mais comme une observatrice engagée. Et ce témoignage, parce qu'il est incarné, touche souvent plus qu'un discours théorique.

Ce qui rend sa parole singulière, c'est sa capacité à faire coexister plusieurs registres. Elle peut passer d'un ton léger à un ton grave sans rupture. Elle peut parler de ses émotions personnelles tout en les reliant à des enjeux collectifs. Elle ne cloisonne pas. Elle fait le pont. Entre l'intime et le social, entre l'image et le réel, entre l'humour et la gravité. Et cette souplesse, cette porosité maîtrisée, permet à chacun de se reconnaître dans ce qu'elle dit, sans avoir à tout partager.

Ses prises de position sont toujours mesurées. Elle ne cherche pas à donner des leçons. Mais elle n'évite pas non plus les sujets qui fâchent. Elle parle de racisme, de sexisme, de harcèlement en ligne, avec des mots simples mais percutants. Elle raconte ce qu'elle a vécu, ce qu'elle voit, ce qu'elle ressent. Elle ne généralise pas, mais elle éclaire. Et cette capacité à transformer l'expérience en parole publique, sans pathos ni posture, fait d'elle une interlocutrice crédible pour beaucoup, y compris au-delà de son public initial.

Ce rôle de "voix d'une génération", elle le prend avec prudence. Elle sait que toute icône peut devenir écran. Que toute parole publique peut être instrumentalisée, mal comprise, surchargée d'attentes. Elle ne cherche donc pas à représenter. Elle cherche à témoigner. Elle ne veut pas parler pour tous, mais à partir de ce qu'elle connaît. Et cette modestie dans l'énonciation, cette manière de ne jamais se prendre pour une porte-parole officielle, renforce paradoxalement la force de son discours.

Elle continue aussi à parler là où elle est née : sur ses plateformes. Elle y maintient une parole libre, spontanée, parfois plus informelle, mais toujours portée par la même exigence. Elle ne joue pas un rôle différent selon le contexte. Elle reste elle-même, avec ses contradictions, ses hésitations, ses fulgurances. Et cette continuité entre la Léna des vidéos, la Léna des plateaux et la Léna des conférences crée une confiance durable.

Ce qui se joue ici dépasse sa seule personne. En devenant une voix écoutée, Léna ouvre une brèche pour d'autres. Elle montre qu'on peut venir du numérique, être jeune, être une femme, et être entendue autrement que comme une image. Elle ouvre la voie à une génération entière qui cherche à s'exprimer sans être enfermée dans une case. Elle montre que la parole n'est pas une affaire de pouvoir, mais de justesse.

Ainsi, en 2023, Léna Situations devient bien plus qu'une créatrice de contenu : elle devient une créatrice de sens. Et cette fonction, qu'elle exerce sans arrogance, avec grâce et avec soin, la place désormais parmi celles et ceux dont la parole ne fait pas seulement écho : elle éclaire.

Ce que Léna dit des jeunes : confiance, peur, transformation

Lorsque Léna Situations parle de sa génération, elle ne se place ni en observatrice extérieure ni en porte-parole autoproclamée. Elle parle de l'intérieur. Elle parle à partir d'elle-même, de ses émotions, de ses incertitudes, mais aussi des innombrables messages, commentaires et rencontres qui peuplent sa vie numérique. Elle reçoit, elle écoute, elle synthétise. Et ce qu'elle restitue, dans ses vlogs, dans ses livres, dans ses interventions, c'est une vérité mouvante : celle d'une jeunesse multiple, pleine d'élan et de doute, à la fois surinformée et parfois désorientée. Elle ne cherche pas à théoriser cette génération. Elle l'incarne.

Ce qu'elle dit des jeunes, en premier lieu, c'est qu'ils ont envie d'exister autrement. Qu'ils ne veulent plus se conformer à des modèles anciens, mais qu'ils ne savent pas toujours par quoi les remplacer. Il ne s'agit pas d'un rejet pur, ni d'une rébellion stérile. C'est une recherche, profonde et exigeante, d'une autre manière d'être au monde. Une manière moins violente, moins hiérarchique, plus fluide. Léna traduit ce désir dans ses vidéos : par la manière dont elle parle, dont elle filme, dont elle met en scène la vie quotidienne sans en faire une performance.

Ce que Léna saisit avec précision, c'est que cette génération vit un paradoxe permanent. Elle est saturée de possibilités mais rongée par l'anxiété. Elle peut tout apprendre, tout voir, tout commenter, mais elle doute d'elle-même, de sa valeur, de sa place. Léna ne nie jamais cette tension. Elle la nomme, elle la partage. Elle parle de la peur de rater, de l'angoisse de ne pas être à la hauteur, de cette impression diffuse que tout va trop vite et qu'on reste immobile. Et ce faisant, elle ouvre un espace de résonance où beaucoup peuvent déposer ce qu'ils n'arrivent pas à formuler ailleurs.

Léna refuse pourtant de réduire cette jeunesse à ses angoisses. Elle lui fait confiance. Elle croit à son potentiel, à sa créativité, à sa capacité à inventer des formes inédites. Elle ne considère pas les jeunes comme "en difficulté", mais comme "en mouvement". Et ce regard positif, sans naïveté, redonne de la force. Elle n'encourage pas à fuir les problèmes. Elle invite à les affronter avec lucidité et douceur. Elle rappelle que la transformation n'a pas besoin d'être héroïque pour être réelle.

Dans ses prises de parole, elle insiste souvent sur le droit à l'erreur, à l'essai, à l'ébauche. Elle dit aux jeunes qu'ils peuvent commencer sans savoir, qu'ils peuvent recommencer sans honte. Elle donne des exemples concrets de ses propres tâtonnements, de ses moments de vide, de ses détours imprévus. Et cette sincérité, cette exposition mesurée des failles, agit comme un antidote à la pression constante de la réussite visible. Elle rappelle que l'échec fait partie du chemin, qu'il n'invalide pas la valeur d'une personne.

Ce que Léna donne aussi à voir, c'est une génération qui cherche à construire un rapport plus juste à elle-même et aux autres. Elle parle de bienveillance, de respect, de soin. Des mots parfois galvaudés, mais qu'elle remet en circulation avec simplicité. Elle montre que l'empathie n'est pas une faiblesse, mais une force. Que prendre soin de soi et des autres peut être un acte de résistance face à un monde souvent dur, rapide, indifférent. Et elle incarne ce message, non dans des slogans, mais dans une attitude, un ton, une manière d'être présente.

Elle insiste également sur l'importance du collectif. Elle ne prône pas l'individualisme forcené. Elle parle de collaboration, d'entraide, d'écoute mutuelle. Elle valorise les amitiés, les projets communs, les énergies partagées. Elle montre que chacun peut avoir un rôle, même discret, dans la dynamique d'un groupe. Que la réussite n'est pas forcément une ascension solitaire, mais peut aussi être une construction ensemble. Elle inverse ainsi les récits traditionnels du succès héroïque, en valorisant des formes de réussite horizontales, inclusives, ouvertes.

Léna parle enfin du droit au flou. Du droit de ne pas savoir ce que l'on veut. Du droit de changer. Elle insiste sur le fait que les parcours ne sont pas linéaires, que les identités se construisent dans le temps, que les choix ne sont pas toujours définitifs. Et cette parole, dans un monde où tout semble devoir être planifié très tôt, soulage. Elle dédramatise les bifurcations. Elle légitime les doutes. Elle fait de l'incertitude non pas un déficit, mais une étape légitime de la construction de soi.

En disant cela, elle ne prétend pas sauver sa génération. Elle ne cherche pas à parler "pour" elle, mais "avec" elle. Elle ouvre des espaces de parole, d'écoute, de représentation. Elle incarne une manière d'exister en ligne qui ne soit pas toxique, qui ne soit pas épuisante. Et cette incarnation, sans jamais se figer en modèle, devient une forme d'inspiration : non pour copier, mais pour croire que c'est possible. Possible d'avancer, de créer, de parler, même avec ses doutes.

Ce que Léna dit des jeunes, en creux, c'est qu'ils sont puissants — à condition qu'on cesse de les infantiliser, de les caricaturer, de les enfermer dans des rôles tout faits. Elle leur tend la main, non pour les guider, mais pour marcher à côté d'eux. Et c'est cette posture d'égalité, de fraternité silencieuse, qui fait d'elle une voix vraiment générationnelle : non pas celle qui parle le plus fort, mais celle qui parle juste.

Le prix de la lumière : surexposition et fatigue

La lumière attire, mais elle brûle aussi. Pour Léna Situations, cette vérité s'est imposée au fil des années, à mesure que sa notoriété grandissait et que sa présence médiatique s'intensifiait. Être une figure publique, présente sur les réseaux, dans les médias, dans la mode, dans l'édition, c'est aussi accepter un certain niveau de surexposition. Et cette exposition permanente, si elle ouvre des portes, épuise aussi. Elle fragilise. Elle demande de trouver un équilibre délicat entre le besoin de disparaître et celui de continuer à créer, entre le désir de transmettre et la nécessité de se préserver.

Léna a toujours été lucide sur ce phénomène. Très tôt, elle a exprimé les effets insidieux de la visibilité constante. Elle a parlé d'anxiété, de fatigue mentale, de moments de saturation. Elle n'a jamais prétendu que ce métier était facile ou léger. Bien au contraire, elle a fait de cette difficulté un sujet récurrent, intégré dans son univers narratif. Elle a filmé les moments de creux, les pannes d'inspiration, les baisses d'énergie. Elle a donné à voir ce que beaucoup de créateurs de contenu préfèrent cacher : la part d'usure qui accompagne la création continue.

La surexposition n'est pas qu'un phénomène médiatique. Elle est aussi intime. Elle touche à la perception de soi. Elle pousse à se regarder à travers les yeux des autres, à vouloir anticiper les jugements, à contrôler chaque geste, chaque mot, chaque image. Léna a souvent évoqué cette tension : le fait de ne plus savoir si l'on s'habille pour soi ou pour son audience, si l'on parle pour partager ou pour performer. Elle a mis des mots sur cette perte de spontanéité, sur cette lente dévoration de l'intérieur par l'extérieur.

Ce qui rend sa parole si précieuse sur ce sujet, c'est qu'elle n'est jamais dans le rejet. Elle ne diabolise pas la lumière. Elle reconnaît ce qu'elle a apporté : des opportunités immenses, des rencontres, des projets, des rêves devenus réalité. Mais elle refuse de faire comme si tout cela était sans contrepartie. Elle montre que l'exposition est un échange, pas un don. Qu'on y laisse quelque chose de soi. Et que cette perte, pour être supportable, doit être regardée en face, acceptée, pensée.

Elle a aussi appris à dire non. À se retirer. À poser des limites. Elle a annoncé des pauses, elle a espacé les publications, elle a refusé certains partenariats. Elle a affirmé, avec calme, qu'il est possible de ralentir sans disparaître, de décroître un temps pour mieux revenir. Et ce geste, dans un univers où la présence continue est souvent perçue comme une obligation vitale, est d'une rare force. Il montre qu'il existe une autre manière de durer : non par suractivité, mais par respiration.

Léna a souvent utilisé la métaphore de la lumière pour parler de son rapport à la notoriété. Mais elle y ajoute toujours une dimension ambivalente. La lumière réchauffe, mais elle éclaire aussi ce qu'on ne voulait pas montrer. Elle attire, mais elle rend vulnérable. Elle donne de la visibilité, mais elle peut aussi éblouir au point d'aveugler. Ce que Léna explore, dans ses vidéos comme dans ses interventions publiques, c'est cette dialectique constante entre le besoin d'être vue et le droit de se cacher.

Elle parle aussi de la violence des commentaires, des critiques, des attaques. Elle ne se pose pas en victime. Mais elle rappelle que la parole publique a un coût. Que les "personnalités" ne sont pas des personnages. Qu'il y a derrière l'image une personne, avec des émotions, des limites, des fragilités. Elle raconte les nuits d'insomnie après un tweet injuste, les journées plombées par un jugement malveillant, la sensation de ne plus savoir comment reprendre la parole. Et ce récit, sans pathos, redonne une humanité à celles et ceux que l'on croit connaître parce qu'on les suit.

Ce qui sauve Léna, dans cette lumière parfois excessive, c'est sans doute sa capacité à garder le lien avec l'essentiel. Elle ne perd jamais de vue pourquoi elle fait ce qu'elle fait. Elle revient toujours à la création, au partage, à la narration. Elle sait que la lumière n'est pas une fin, mais un outil. Et que si elle devient le but, elle détruit. Elle réaffirme régulièrement son besoin de sincérité, de sens, de lenteur. Elle cherche des manières de se recentrer, de se reconnecter à elle-même, pour ne pas devenir une image qui tourne à vide.

Ce point de bascule entre lumière et fatigue, Léna l'habite avec justesse. Elle ne cherche pas à résoudre la tension. Elle l'accepte. Elle compose avec. Elle montre que la visibilité peut être un espace à apprivoiser, un espace dans lequel on apprend à dire oui et non, à apparaître et à disparaître. Elle rappelle que personne n'est fait pour être regardé en permanence. Et que s'autoriser à s'éloigner est un acte de soin, pas de faiblesse.

C'est peut-être cela, au fond, le message le plus fort de Léna sur ce sujet : on peut aimer la lumière sans vouloir y brûler. On peut avancer sous les projecteurs en apprenant, peu à peu, à en réguler l'intensité. On peut créer dans la clarté tout en cultivant des zones d'ombre. Et cette sagesse, acquise très jeune, partagée avec douceur, fait d'elle une créatrice rare : une lumière parmi les lumières, mais qui n'a jamais oublié d'où elle vient, ni comment s'éteindre un instant pour mieux se retrouver.

Ce qu'il reste quand on se tait : silence, mémoire, postérité

Dans un monde saturé de paroles, de notifications et de flux, le silence est devenu un acte. Léna Situations, qui a construit une partie de sa notoriété sur sa capacité à parler, à montrer, à partager, comprend très tôt que se taire est parfois plus puissant que continuer à dire. Ce n'est ni un retrait stratégique, ni une absence forcée. C'est un choix. Un geste volontaire qui dit : j'ai besoin de me retrouver, de respirer, d'exister ailleurs que dans ce que je donne à voir. Ce silence, qu'elle ponctue parfois de quelques mots discrets ou d'une image apaisée, devient une forme de discours à part entière. Il dit ce que les mots ne peuvent pas porter.

Léna n'a jamais quitté complètement la scène. Mais elle en connaît désormais les coulisses. Elle sait qu'une vidéo postée, un livre publié, une apparition médiatisée ne sont que la partie émergée d'un processus beaucoup plus vaste, plus intime. Et elle accepte que certains fragments de ce processus ne soient pas faits pour être partagés. Dans ses périodes de silence, elle travaille, elle lit, elle pense, elle observe. Elle se construit. Elle cultive une forme d'intériorité qui devient, paradoxalement, la condition même de son expression future.

Ce silence est aussi une manière de résister à l'usure. À l'épuisement de l'image, au brouillage de la parole, à l'érosion du sens. Léna ne veut pas devenir un bruit de fond. Elle ne veut pas faire du contenu pour exister. Elle veut que chaque geste ait une intention, une nécessité, une justesse. Et cela suppose, parfois, de disparaître un moment. De sortir du rythme imposé. De refuser la logique de la présence permanente. Elle montre ainsi qu'il est possible de se faire oublier un temps sans être oublié. Que la fidélité du public n'est pas fondée sur la quantité, mais sur la qualité du lien.

Dans cette démarche, la mémoire joue un rôle central. Léna a toujours su créer des traces. Ses vidéos, ses textes, ses tenues, ses prises de parole sont autant de fragments mémoriels, déposés avec soin, comme des galets le long d'un rivage. Elle ne cherche pas à marquer l'histoire, mais elle écrit la sienne avec une conscience de plus en plus fine de ce qu'elle laisse. Elle comprend que chaque image, chaque mot peut rester. Et elle prend cette responsabilité au sérieux, sans solennité mais avec gravité. Elle ne cherche pas à fabriquer une postérité. Mais elle pense à ce qui restera.

Ce qui restera, ce ne sont pas seulement des vues, des likes ou des articles. Ce sont des impressions. Des moments. Des phrases glissées entre deux rires. Des silences entre deux confidences. Des regards captés dans la lumière du matin. Léna construit une œuvre sans en avoir l'air. Une œuvre dispersée, composite, non linéaire. Une œuvre faite de présence et d'absence, de matière et de vide. Et c'est dans cette alternance, dans ce va-et-vient entre ce qu'elle montre et ce qu'elle garde, que se dessine une forme de style durable.

Le silence devient alors un espace de réflexion sur la postérité. Non pas sur la gloire, mais sur la trace. Que reste-t-il après une vidéo ? Que retient-on d'une personne qui a partagé sa vie pendant des années à travers un écran ? Léna n'apporte pas de réponse définitive. Mais elle pose la question, à voix basse, dans ses retraits, dans ses choix, dans ses silences. Et ce questionnement devient partie intégrante de son œuvre. Elle ne veut pas tout dire. Elle veut que certaines choses soient devinées, ressenties, gardées en mémoire.

Cette mémoire est collective. Elle est faite des souvenirs que les autres gardent d'elle, mais aussi des souvenirs qu'elle garde des autres. Léna a une conscience aiguë de ce qu'elle doit à son public, à ses proches, à ses pairs. Elle ne parle jamais de son parcours comme d'une réussite individuelle. Elle l'ancre dans des liens, dans des échanges, dans des regards partagés. Et c'est cette humilité, cette attention au tissu humain, qui donne à son silence une densité particulière. Il n'est jamais vide. Il est habité.

Enfin, ce silence est aussi un horizon. Il dit que tout ne sera pas raconté. Que tout n'a pas besoin de l'être. Il dit qu'on peut créer sans tout montrer. Qu'on peut être présent sans se dévoiler entièrement. Léna trace ainsi une voie pour d'autres créateurs, d'autres jeunes femmes, d'autres figures médiatiques : une voie où l'on peut exister pleinement sans s'épuiser à se justifier. Une voie où le retrait n'est pas une défaite, mais une respiration.

Ce qu'il reste quand Léna se tait, c'est peut-être l'essentiel. Ce qu'elle a semé, sans insister. Ce qu'elle a transmis, sans s'imposer. Ce qu'elle a incarné, sans s'enfermer. Une lumière douce, qui continue d'éclairer même lorsqu'elle se retire un instant.

Chapitre 8 – Un art du montage

Monter pour raconter : rythme, ellipse, émotion

Derrière chaque vidéo de Léna Situations, il y a un regard. Et ce regard ne s'exprime pas seulement dans le choix des plans ou dans la manière de parler à la caméra, mais surtout dans le montage. C'est dans cette phase invisible pour le spectateur que tout prend forme. Léna ne délègue pas cette étape. Elle y consacre des heures, parfois des jours, dans une attention minutieuse au rythme, à l'enchaînement, à la respiration de ses vidéos. Monter, pour elle, ce n'est pas couper ce qui est en trop. C'est écrire. C'est donner un souffle à l'image. C'est transformer un moment vécu en expérience partagée.

Ce qui frappe d'abord, c'est la précision de son rythme. Léna monte au millimètre. Elle sait où le regard doit se poser, quand il faut relancer l'attention, comment éviter la lassitude. Elle alterne les plans serrés et les plans larges, les séquences parlées et les respirations musicales, les instants d'énergie vive et les pauses contemplatives. Rien n'est laissé au hasard. Mais rien ne semble forcé non plus. Le spectateur ne sent pas le travail. Il est emporté par une dynamique fluide, naturelle, comme si tout avait été tourné dans l'ordre parfait. Et pourtant, c'est au montage que tout s'est construit.

Ce rythme n'est pas uniquement narratif. Il est aussi émotionnel. Léna monte avec son corps. Elle écoute ce que les images lui font ressentir. Elle cherche le frisson, l'écho, la surprise douce. Elle ne cherche pas à enchaîner les punchlines ou les effets spectaculaires. Elle cherche le juste tempo de la vie. Celui qui permet de ressentir, de comprendre, de rêver. C'est ce rythme intérieur, si difficile à enseigner, qu'elle parvient à faire exister dans chacun de ses montages. Il donne à ses vidéos une chaleur, une humanité rare.

L'ellipse est l'un de ses outils majeurs. Léna sait que tout ne doit pas être montré. Elle coupe, elle suggère, elle laisse deviner. Elle fait confiance au spectateur. Elle ne l'assomme pas d'explications. Elle le fait entrer dans le mouvement de sa journée, de ses pensées, de son monde, sans le guider pas à pas. Et cette liberté laissée à celui qui regarde produit un effet puissant : on se sent respecté. On devient partenaire du récit. On comble les vides, on devine les transitions, on interprète les silences.

Le montage devient ainsi un art de la retenue. Là où tant de contenus cherchent à occuper chaque seconde, à saturer l'espace visuel et sonore, Léna ménage des espaces. Elle laisse du blanc. Elle accepte l'inachevé. Elle ose la lenteur. Et dans cette lenteur, naît une émotion profonde. Une forme de mélancolie parfois. De joie douce. De présence au monde. Ses vidéos ne sont pas des démonstrations. Ce sont des respirations.

Cette capacité à monter l'émotion plutôt que l'action vient sans doute de sa sensibilité personnelle. Léna ne filme pas pour documenter. Elle filme pour ressentir. Et ce ressenti, elle le cisèle au montage comme un artisan du détail. Elle accorde autant d'importance à un battement de sourcil qu'à une séquence entière. Elle affine, elle ajuste, elle écoute encore et encore. Elle ne cherche pas la perfection technique. Elle cherche la justesse sensible. Et c'est cette quête qui donne à ses vidéos une singularité durable.

Le choix des musiques participe pleinement de cette écriture. Léna ne colle pas une bande-son pour remplir. Elle cherche le morceau qui viendra soutenir l'émotion, sans l'envahir. Elle choisit des tonalités, des textures sonores, des rythmes qui prolongent les images sans les contraindre. Elle coupe parfois la musique brusquement, pour laisser une voix résonner. Elle la relance au bon moment, pour relier deux plans qui n'ont, en apparence, rien à voir. Et ce dialogue entre son et image devient un langage propre, immédiatement reconnaissable.

Mais ce qui rend son montage si particulier, c'est aussi sa capacité à intégrer le réel sans le figer. Elle laisse des bafouillements, des hésitations, des regards vers l'objectif. Elle garde les moments où elle se trompe, où elle rit d'elle-même. Elle ne cherche pas à lisser. Elle cherche à faire vrai. Et cette authenticité, rendue possible par le montage, n'est pas un effet de style. C'est un choix éthique. Une manière de dire : je ne suis pas un produit fini. Je suis en mouvement. Et je vous invite à l'être aussi.

Léna monte donc comme elle vit : avec intensité, avec curiosité, avec soin. Chaque vidéo est pour elle un objet. Pas une marchandise. Pas un "contenu". Un objet pensé, composé, offert. Et dans cet objet, le montage est la dernière main. Celle qui relie tout. Qui donne sa forme au fond. Qui fait tenir ensemble l'intime et le public, le personnel et l'universel.

Ce point du montage, souvent négligé dans les analyses superficielles de son travail, mérite d'être mis au centre. Car c'est là, dans ce creuset invisible, que tout se joue. C'est là que Léna devient pleinement autrice. Non pas parce qu'elle a vécu ce qu'elle montre. Mais parce qu'elle en a fait un récit. Et que ce récit, justement, est ce qui touche, ce qui reste, ce qui construit un regard.

Raconter avec la musique : intensité, timing, sentiment

Chez Léna Situations, la musique n'est jamais un simple habillage. Elle est un élément de narration à part entière. Elle ne vient pas combler les vides, mais structurer le récit, amplifier une émotion, révéler une tension invisible. Le choix des morceaux, leur place dans le montage, la manière dont ils entrent ou sortent, tout est pensé avec une précision intuitive. Léna ne sélectionne pas une bande-son pour faire joli. Elle cherche ce que le morceau va faire naître chez celui qui regarde. Elle écoute d'abord avec le ventre, puis elle monte avec le cœur. Et dans cette rencontre entre images et sons, quelque chose de singulier se crée : une vibration, une trace, une mémoire émotionnelle.

La première force de sa manière d'utiliser la musique tient au timing. Léna sait exactement à quel moment un morceau doit démarrer. Elle joue avec les respirations du montage, avec les points de bascule, avec les silences qui précèdent l'explosion sonore. Elle ne pose pas la musique dès le début d'une scène. Elle la laisse parfois attendre, comme une promesse. Et quand elle arrive, elle emporte tout. Elle donne du souffle, de la chair, de la tension. Ce sens du moment juste, du battement parfait, est ce qui transforme une simple séquence en moment inoubliable.

Mais la musique ne se contente pas d'amplifier l'émotion. Elle crée parfois un décalage volontaire. Léna aime jouer sur les contrastes. Une scène de mélancolie peut être accompagnée d'un morceau presque joyeux, un moment banal peut soudain devenir bouleversant grâce à quelques notes bien placées. Elle utilise la musique comme un filtre, une loupe, un voile. Elle n'illustre jamais. Elle évoque. Elle suggère. Elle laisse le spectateur ressentir, sans imposer une lecture unique. Et dans ce jeu subtil entre image et son, elle invente un langage personnel.

Ce langage s'appuie sur un goût musical affirmé. Léna explore différents genres, sans jamais se limiter à une esthétique. Elle peut passer d'un morceau instrumental à une chanson pop, d'un beat électro à une ballade acoustique. Elle ne cherche pas à montrer sa culture musicale. Elle cherche le bon accord, celui qui fera résonner l'image autrement. Et ce choix, souvent très instinctif, révèle une oreille sensible, capable de percevoir ce qu'un morceau peut faire advenir dans une narration. La musique devient alors un acteur silencieux, mais essentiel.

Elle utilise aussi la musique comme marqueur de temporalité. Certains morceaux reviennent d'une vidéo à l'autre, comme des motifs. Ils deviennent des signes de reconnaissance, des repères dans la mémoire du spectateur. Un morceau entendu dans un vlog d'août peut réapparaître dans une séquence de l'hiver suivant, chargé d'une nouvelle émotion. Léna tisse ainsi une trame sonore parallèle à son récit visuel. Une trame qui accompagne la fidélité de son public, qui crée un lien presque sensoriel entre les différentes étapes de son parcours.

Ce rapport intime à la musique donne à ses vidéos une texture particulière. On ne les regarde pas seulement avec les yeux. On les ressent dans le corps. Une montée sonore bien menée peut faire frissonner. Un fondu musical peut faire pleurer. Léna monte les musiques comme d'autres montent des dialogues : avec attention aux silences, aux inflexions, aux cassures. Elle ne cherche pas l'effet spectaculaire. Elle cherche la vérité du moment. Et cette vérité passe parfois par une simple boucle, un refrain doux, une rupture soudaine.

La gestion du volume est aussi une dimension essentielle de son art. Elle sait quand la musique doit dominer, quand elle doit s'effacer, quand elle doit se fondre dans les sons ambiants. Elle laisse parfois la musique envahir l'espace, recouvrir les voix, saturer l'émotion. Et d'autres fois, elle la laisse à peine affleurer, comme un écho lointain. Ce jeu d'intensité, de présence et d'absence, donne à chaque séquence une profondeur nouvelle. Rien n'est plat. Rien n'est surligné. Tout est modulé.

Ce travail ne repose pas sur des effets. Il repose sur une écoute. Une écoute du monde, de soi, des autres. Léna capte des ambiances, des rythmes, des humeurs. Elle transforme cela en séquences vivantes, où l'image et le son ne sont jamais séparés. Et cette capacité à faire dialoguer les deux, sans jamais sacrifier l'un à l'autre, est ce qui fait la force singulière de ses vidéos. Elle ne filme pas seulement. Elle compose.

Enfin, il faut souligner le rapport émotionnel que son public entretient avec ses musiques. Nombreux sont ceux qui associent un souvenir, une sensation, un passage de leur propre vie à une musique découverte dans une de ses vidéos. Elle crée ainsi des ponts affectifs entre son univers et celui de ceux qui la regardent. La musique devient un lieu de rencontre. Un lieu où l'émotion de l'une devient l'émotion de tous. Où le montage devient une mémoire partagée.

Dire sans parler : sous-titres, inserts, ponctuation visuelle

Dans l'univers visuel de Léna Situations, la parole ne passe pas uniquement par la voix. Elle circule aussi à travers les mots écrits, les signes insérés, les gestes graphiques glissés au cœur du montage. Cette écriture parallèle, faite de sous-titres ironiques, d'inserts fugaces, de mots qui surgissent et disparaissent, compose une autre strate de narration. Une couche discrète, mais essentielle. Une ponctuation visuelle qui permet à Léna de dire sans parler, d'intervenir sans interrompre, de guider sans imposer. Ce langage hybride, à la fois textuel et visuel, fait partie intégrante de son style.

Dès ses premiers vlogs, Léna joue avec les mots qui s'inscrivent à l'écran. Elle les utilise pour souligner une idée, pour détendre une situation, pour faire un clin d'œil complice à son audience. Ces sous-titres ne sont pas des transcriptions classiques. Ce sont des commentaires, des apartés, des respirations. Ils apparaissent parfois en réaction à ce qui vient d'être dit, parfois à contretemps, parfois en silence. Ils créent un dialogue entre l'image et le spectateur, comme si Léna se glissait dans le montage pour y glisser une pensée, une émotion, un petit rire intérieur.

Ce qui rend ces insertions si efficaces, c'est leur précision. Léna ne surcharge pas l'image. Elle choisit avec soin les moments où le texte a quelque chose à ajouter. Un mot suffit souvent. Parfois une onomatopée, un point d'exclamation, une interjection muette. Et c'est cette économie de moyens qui donne à ces ajouts une force particulière. Ils ne distraient pas. Ils ponctuent. Ils respirent avec le rythme du montage. Ils deviennent des temps faibles assumés, des soupirs visuels dans le flux de la narration.

Le choix de la typographie, de la taille, de la couleur, participe aussi à ce style unique. Léna opte pour une écriture simple, souvent manuscrite ou cursive, qui donne l'impression d'un commentaire griffonné. Cela renforce l'intimité, la proximité. On a l'impression que la vidéo est en train de s'écrire devant nous, qu'elle se commente elle-même au fil de son déroulement. Cette esthétique artisanale, loin des effets tapageurs ou des codes publicitaires, renforce la sincérité du ton. Elle fait du montage un prolongement de la personnalité.

Léna utilise aussi les inserts comme moyen de narration condensée. Une photo, une capture d'écran, un plan fixe sur un objet ou un détail deviennent des fragments narratifs. Elle peut raconter une anecdote entière en trois images et deux mots. Elle joue sur l'association d'idées, sur la collision entre visuel et texte. Un insert d'un mème bien choisi suffit parfois à résumer une situation complexe. Et cette capacité à condenser le sens, à l'inscrire dans un rythme visuel, témoigne d'une intelligence du montage qui dépasse le simple "effet drôle".

Cette écriture à l'écran permet également à Léna d'introduire du recul sur sa propre narration. Elle peut se corriger, se moquer d'elle-même, nuancer une phrase prononcée trop vite. Elle crée une distance légère, une auto-ironie douce, qui désamorce le pathos, évite l'emphase, rend le discours plus souple. Ce second degré visuel est l'une des signatures les plus fines de son style. Il dit : je vous raconte tout cela, mais je sais aussi que la vie est plus compliquée, plus drôle, plus décalée que ce que je montre.

Cette manière de dire sans parler est aussi une manière de faire sentir. Un simple mot écrit dans un coin de l'écran, un emoji discret, un point de suspension flottant suffisent parfois à déclencher une émotion. Léna ne surligne pas. Elle suggère. Elle fait confiance à la sensibilité du spectateur. Et c'est cette confiance qui crée un lien fort : le public n'est pas passif, il participe, il lit entre les lignes, entre les plans, entre les mots. Il devient complice du regard.

Les silences eux-mêmes sont parfois textuellement commentés. Léna ose le vide, et parfois y glisse une annotation minuscule, comme pour dire : "oui, j'ai vu, moi aussi". Cette stratégie crée une continuité entre elle et celui qui regarde, même dans les moments où l'image semble suspendue. Le texte devient un fil invisible, un murmure graphique qui relie les fragments. Il permet d'habiter le silence sans le briser. Il donne corps à l'absence sans la combler.

Ce travail sur le texte inséré est aussi une manière de garder la main. Dans un univers où l'image peut vite être interprétée, commentée, détournée, Léna ajoute sa voix visuelle. Elle reprend la narration. Elle garde le contrôle sur le sens. Non pour le verrouiller, mais pour l'orienter. Et ce geste est aussi un geste d'autrice. Elle ne se contente pas de se filmer. Elle écrit ce qu'elle filme. Elle réécrit ce qu'elle a dit. Elle corrige, elle affine, elle ponctue.

Enfin, cette écriture visuelle crée un ton. Une voix reconnaissable, même quand Léna ne parle pas. Elle signe ses vidéos avec ces mots projetés, comme une calligraphie numérique. Ils sont son rire, sa pudeur, sa tristesse, sa précision. Ils sont ce qui reste quand on ferme le son, ce qui résonne quand l'image s'efface. Et dans cette manière de dire sans parler, Léna affirme l'une de ses plus grandes forces : savoir transmettre une présence, même en creux.

Faire exister le hors-champ : coupures, regards, absence

Il y a, dans les vidéos de Léna Situations, une sensation étrange et persistante : celle que quelque chose existe au-delà de ce que l'on voit. Quelque chose qui n'est pas montré, mais que l'on devine. Quelque chose qui échappe à l'image sans jamais lui échapper totalement. Ce quelque chose, c'est le hors-champ. Ce qui se trouve en dehors du cadre, en dehors du récit explicite, en dehors de la ligne narrative principale. Et Léna, dans son travail de montage, ne cesse de le faire exister. Elle travaille l'absence comme une matière, les silences comme des révélations, les coupures comme des signes.

Ce hors-champ peut être spatial. Elle filme un visage, mais on entend une voix ailleurs. On perçoit un mouvement en dehors de l'image. Un rire, un bruit, un objet posé à la limite du cadre : tout suggère qu'il y a plus que ce qu'on nous montre. Léna ne cherche pas à enfermer la réalité dans son objectif. Elle veut au contraire que le spectateur ressente qu'il y a du monde autour, de l'espace, de la vie. Elle ne filme pas en huis clos. Elle filme avec des marges. Et dans ces marges, quelque chose palpite, quelque chose appelle.

Ce hors-champ est aussi temporel. Ce qu'on ne voit pas, ce sont les heures avant, les jours après, les choses qu'on ne saura pas. Léna utilise souvent des ellipses, des montages qui sautent volontairement des séquences, comme si elle disait : "ce qui compte, c'est ce que je choisis de garder, pas ce que j'ai vécu en entier". Elle travaille la coupure non comme une censure, mais comme un geste narratif. Elle taille dans le réel comme on taille dans un bloc de marbre : pour faire apparaître une forme. Et ce qui est coupé n'est pas perdu. Il reste, invisible mais présent.

Les regards participent aussi à cette écriture du hors-champ. Léna filme souvent des visages qui regardent hors du cadre. Des moments où elle-même regarde ailleurs, parle à quelqu'un qu'on ne voit pas, pense à quelque chose qu'elle ne dit pas. Elle ne nous donne pas tout. Elle nous fait sentir. Et cette économie du dévoilement est profondément respectueuse. Elle refuse l'exposition totale. Elle garde, pour elle, une part d'opacité. Et dans cette opacité, il y a une forme de beauté rare.

Léna joue aussi avec l'absence comme moteur narratif. Elle peut évoquer une personne sans la montrer, une émotion sans la nommer, une situation sans l'expliquer. Elle laisse des blancs. Elle suspend. Elle fait confiance à l'intelligence émotionnelle de son audience. Et ce geste, dans un monde où tout est souvent dit trop vite, trop fort, trop clairement, crée un espace de respiration. Elle n'a pas besoin de tout dire pour qu'on comprenne. Elle n'a pas besoin de tout montrer pour que l'on ressente.

Ce hors-champ peut être très concret — quelqu'un qui tient la caméra, un lieu non filmé, un événement évoqué — mais il peut aussi être plus abstrait : une pensée, une hésitation, une peur, un désir. Léna fait exister ces dimensions non visibles par de micro-signaux. Une variation dans la musique, un plan plus long, un montage plus lent, un silence maintenu. Elle construit ainsi un langage implicite, où ce qui n'est pas dit devient aussi fort que ce qui est montré.

Cette maîtrise du non-dit fait écho à une sensibilité littéraire. Léna construit ses vidéos comme on construit une nouvelle. Elle donne des indices, des signes, des symboles, mais elle ne livre pas de clé. Elle laisse chacun interpréter, compléter, imaginer. Elle écrit avec du vide. Et ce vide n'est jamais un manque. Il est une invitation. Une ouverture. Une main tendue vers le spectateur pour qu'il vienne y déposer ce qu'il ressent lui-même.

Il faut aussi souligner que ce travail du hors-champ permet à Léna de protéger certaines choses. Elle montre beaucoup, mais elle ne montre jamais tout. Elle garde une intimité, une part d'elle qui n'est pas à vendre, pas à regarder, pas à consommer. Et ce geste, dans une époque où le dévoilement est devenu une norme implicite, est profondément politique. Elle choisit ce qu'elle donne. Elle trace une ligne. Et cette ligne crée un respect réciproque : elle ne trahit pas ce qu'elle filme, et elle n'infantilise pas ceux qui regardent.

Enfin, ce hors-champ devient, paradoxalement, un lieu de projection collective. Chacun y place ses propres émotions, ses propres absents, ses propres silences. Ce que Léna ne montre pas devient un miroir. Et ce miroir, loin de figer l'image, l'ouvre à l'infini. C'est cela, peut-être, la magie la plus profonde de son montage : non pas faire voir, mais faire exister ce qu'on ne voit pas.

Chapitre 9 – Une génération, une époque

Être une icône sans trahir son époque : justesse, distance, lucidité

Devenir une icône, pour une figure publique née des réseaux, est à la fois une consécration et un piège. Cela signifie être reconnue, admirée, imitée — mais aussi projetée, figée, récupérée. Dans ce processus, beaucoup finissent par perdre le lien avec leur époque, rattrapés par les caricatures, les emballements médiatiques, ou le besoin de conserver une image à tout prix. Léna Situations, en accédant à ce statut symbolique, a dû inventer une manière de tenir cette place sans la laisser prendre le dessus sur ce qu'elle est. Et sa réponse à cette tension tient en trois mots : justesse, distance, lucidité.

La justesse est d'abord une affaire de ton. Léna a toujours su parler à son époque sans en épouser tous les codes. Elle ne surjoue jamais la modernité. Elle n'imite pas les tendances. Elle ne cherche pas à être à la mode, mais à être dans le bon tempo. Celui qui fait que ses vidéos, ses prises de parole, ses gestes publics paraissent toujours à leur place, jamais déplacés, jamais excessifs. Elle sent les mouvements du monde, mais elle ne s'y perd pas. Elle garde une forme de verticalité tranquille qui lui permet de réagir sans réagir à tout.

Cette justesse se manifeste aussi dans ses sujets. Elle ne prétend pas traiter de tout. Elle ne se sent pas obligée de donner son avis sur chaque polémique. Elle choisit ses mots, ses moments, ses silences. Et ce tri, loin d'être une esquive, est une forme de respect. Respect pour elle-même, qui ne veut pas devenir une machine à commenter. Respect pour son public, qu'elle ne veut pas noyer sous des opinions passagères. Respect pour les sujets eux-mêmes, qu'elle ne veut pas survoler pour exister. Elle parle quand elle a quelque chose à dire, et cette rareté donne du poids à sa parole.

La distance, elle, n'est pas une fuite. C'est une posture intérieure. Léna ne se prend pas trop au sérieux. Elle se regarde avec humour, avec recul. Elle intègre à sa narration ses propres contradictions, ses doutes, ses maladresses. Elle n'essaie pas d'être parfaite. Et c'est précisément cette capacité à se tenir à une certaine distance de soi qui la rend crédible. Elle ne cherche pas à incarner un modèle. Elle accepte d'être une figure mouvante, en construction, vulnérable parfois, mais toujours sincère.

Cette distance vaut aussi pour son rapport à l'image. Léna sait qu'elle est regardée. Elle en joue parfois. Mais elle ne s'y enferme pas. Elle continue d'expérimenter, de se transformer, de disparaître même, quand il le faut. Elle ne cherche pas à nourrir en permanence la fascination que les autres peuvent avoir pour elle. Elle préfère nourrir un lien plus subtil, plus durable, fondé sur l'authenticité. Et cette manière de se retirer un peu d'elle-même, de ne pas se confondre avec ce que l'on voit d'elle, est une des clés de sa longévité.

La lucidité, enfin, est ce qui tient ensemble la justesse et la distance. Léna regarde son époque avec les yeux ouverts. Elle ne l'idéalise pas. Elle n'en fait pas non plus une entité hostile. Elle en voit les contradictions, les violences, les possibilités. Elle en connaît les règles, les pièges, les zones grises. Et elle avance avec cette conscience, sans se laisser dominer par elle. Elle n'est pas dupe. Elle sait que l'admiration peut se retourner, que la visibilité peut se saturer, que la mode peut se retourner contre ceux qu'elle a porté. Mais elle ne laisse pas cette lucidité devenir du cynisme.

Au contraire, elle en fait une force douce. Une manière d'être ancrée dans son temps sans en être prisonnière. Elle ne cherche pas à "incarner sa génération" comme un slogan. Mais elle est traversée par ses tensions, ses espoirs, ses contradictions. Et elle accepte cela. Elle le montre. Elle ne le résout pas. Elle l'habite. Et c'est cette posture modeste, mais incroyablement exigeante, qui fait d'elle une icône fidèle à son époque : parce qu'elle n'essaie pas d'en donner une image parfaite, mais qu'elle en montre la complexité.

Léna Situations ne trahit pas son temps parce qu'elle ne le simplifie pas. Elle ne cherche pas à le dominer par la forme ou le message. Elle propose des récits, des gestes, des silences. Elle crée des espaces. Elle fait de son image une matière vivante, mouvante, accessible. Elle ne dit pas : "voici ce que vous devez être". Elle dit : "voici ce que j'essaie d'être, et c'est déjà beaucoup". Et cette phrase silencieuse, incarnée dans son parcours, est peut-être ce qui résume le mieux ce que peut être une icône contemporaine : une figure qui n'écrase pas, mais qui éclaire.

La fille que tout le monde connaît mais que personne ne connaît

Il y a, autour de Léna Situations, une familiarité immédiate. Pour des millions de personnes, son visage est connu, sa voix reconnaissable, ses expressions, ses rires, ses gestes font partie du paysage numérique quotidien. On croit l'avoir toujours vue, toujours entendue. On connaît ses vêtements, ses voyages, son appartement, son entourage. Elle parle à la caméra comme à une amie, partage des instants personnels, ouvre des fragments de sa vie. Et pourtant, cette proximité apparente cache un paradoxe fondamental : Léna est connue de tous, mais véritablement connue de très peu.

Ce paradoxe n'est pas accidentel. Il est le fruit d'une construction, d'un choix, d'une intelligence du lien. Léna a toujours su ouvrir sans se livrer totalement. Elle partage avec soin, dose ses révélations, choisit ce qu'elle montre et ce qu'elle tait. Elle donne à voir, mais ne s'abandonne jamais à la transparence totale. Et c'est précisément cette frontière, fine, mobile, entre le visible et le préservé, qui fait d'elle une figure si fascinante. Elle parle beaucoup, mais ne se laisse jamais réduire à ce qu'elle dit.

Cette maîtrise de l'image personnelle passe par un art du flou. On connaît Léna dans ses vidéos, dans ses moments de joie, de doute, de création, mais on ne sait pas tout de ses colères, de ses fatigues profondes, de ses replis. Elle garde pour elle un monde intérieur que personne ne peut explorer sans invitation. Elle laisse des zones blanches, des silences, des angles morts. Et c'est dans ce non-dit qu'elle devient réellement complexe. Ce qu'elle ne montre pas est aussi important que ce qu'elle met en scène.

Ce mystère n'est pas une stratégie de communication. C'est une forme de fidélité à soi. Léna ne cherche pas à se cacher, mais à se respecter. Elle ne veut pas devenir une surface projective sur laquelle chacun viendrait coller ses fantasmes, ses attentes, ses projections. Elle veut rester une personne. Une personne qui choisit ce qu'elle montre, ce qu'elle garde, ce qu'elle construit. Et cette volonté, dans un monde où tout pousse à l'exposition sans filtre, est une forme de résistance.

Ce qui trouble parfois, c'est que ce mystère coexiste avec une parole très fluide. Léna parle avec aisance. Elle raconte, elle explique, elle rit, elle pleure. Mais jamais elle ne se laisse aller à la confession brute. Elle ne transforme pas ses failles en spectacle. Elle ne transforme pas sa vulnérabilité en argument. Elle expose, oui — mais avec pudeur. Elle parle d'elle, mais toujours à travers un cadre, un ton, une forme. Elle ne tombe pas dans l'impudeur déguisée en sincérité.

Ce que beaucoup prennent pour de la transparence est en réalité une narration maîtrisée. Léna sait ce que chaque plan produit. Elle sait ce que chaque mot suscite. Elle ne manipule pas, mais elle encadre. Elle scénarise sans mensonge. Elle compose sans trahir. Et cette composition constante est ce qui protège la vérité de son propos. Elle dit les choses non telles qu'elles se passent, mais telles qu'elles résonnent pour elle. Et c'est cette résonance qui crée l'authenticité, pas l'exposition brute.

Ce que l'on perçoit d'elle est donc toujours double. Il y a la Léna que l'on voit, solaire, drôle, forte, organisée, fatiguée parfois. Et il y a la Léna qu'on ne voit pas, celle qui doute, qui pleure sans filmer, qui s'interroge sur ce que tout cela veut dire. Cette dualité n'est pas une mise en scène. C'est une forme de vérité humaine. Une façon d'habiter l'espace public sans s'y dissoudre. Une manière de rester un sujet, là où tant deviennent des objets regardés.

Léna devient ainsi une énigme douce : une fille que l'on croit connaître mais que l'on ne cerne jamais tout à fait. Une personne qui inspire la confiance sans jamais se livrer entièrement. Une présence constante dans les vies numériques, mais toujours un peu en retrait. Et cette discrétion, ce retrait subtil, est aussi une manière de préserver le lien. Car trop en dire, trop se montrer, trop vouloir exister dans l'œil de tous, finit souvent par éloigner.

Elle ne veut pas être un mythe, mais elle ne veut pas non plus être transparente. Elle choisit la demi-lumière, la suggestion, l'ouverture sélective. Et dans cette posture, elle offre une alternative puissante à l'exhibitionnisme ambiant : une façon d'exister sans se diluer, de rayonner sans se consumer.

Ce qui subsiste au fil du temps, ce n'est donc pas une figure lisse et univoque, mais une silhouette mouvante, attachante, insaisissable. Une fille que tout le monde connaît, et que personne ne connaît vraiment. Et peut-être est-ce précisément cela, aujourd'hui, être une icône sincère : laisser suffisamment de place à l'autre pour qu'il s'y projette, tout en gardant, pour soi, une chambre secrète que nul regard n'éclaire entièrement.

Réparer l'estime : le cœur de son message

S'il fallait résumer en un seul geste ce que Léna Situations apporte à son époque, ce serait peut-être celui-ci : elle répare l'estime. L'estime de soi, celle qui vacille, qui se fissure, qui se perd. L'estime des jeunes, souvent cabossée par les normes, les injonctions, les comparaisons. L'estime des corps, des parcours, des sensibilités. Léna ne le dit pas toujours de façon explicite, mais tout dans sa manière d'être, de créer, de parler, travaille dans cette direction. Offrir un espace où l'on se sent un peu mieux. Un peu moins jugé. Un peu plus accepté. Un peu plus légitime d'exister comme on est.

Cette mission, qu'elle n'a jamais revendiquée mais qu'elle incarne de manière constante, traverse toutes ses vidéos, ses livres, ses apparitions. Elle se lit dans la manière dont elle parle à son audience : toujours dans un ton bienveillant, direct, rassurant. Elle ne parle pas "au-dessus". Elle ne parle pas "à côté". Elle parle "avec". Et cette horizontalité crée une confiance, une sécurité, une sensation de chaleur. On n'a pas besoin de performer pour être regardé par Léna. On n'a pas besoin d'être parfait pour mériter sa voix.

Elle s'adresse en particulier à celles et ceux qui doutent. Ceux qui ne se trouvent pas assez beaux, pas assez doués, pas assez forts. Ceux qui vivent avec un sentiment de décalage ou d'infériorité, qu'il soit physique, social, scolaire, émotionnel. Elle ne prétend pas régler leurs problèmes. Elle ne leur promet pas le bonheur instantané. Elle leur tend un miroir doux, non déformant. Elle leur dit : "je vois ce que tu vis, je le connais, moi aussi je passe par là". Et cette reconnaissance, dans un monde saturé de modèles inaccessibles, est un acte puissant.

Ce que Léna offre, c'est une alternative à la tyrannie de la perfection. Elle montre que l'on peut réussir sans être lisse. Que l'on peut être admirée sans effacer ses failles. Que l'on peut se mettre en avant tout en gardant de la pudeur. Elle réconcilie la visibilité avec la vulnérabilité. Elle n'invite pas à s'aimer sans condition du jour au lendemain, mais à faire la paix avec soi, morceau par morceau. Elle dit que l'on a le droit de changer, de douter, de recommencer. Elle dit que l'estime ne se conquiert pas une fois pour toutes, mais qu'elle se cultive.

Dans cette démarche, elle met aussi en lumière des choses souvent invisibles : la santé mentale, la fatigue émotionnelle, l'anxiété sociale, le sentiment d'imposture. Elle n'en fait pas des sujets tabous, mais elle ne les banalise pas non plus. Elle en parle avec simplicité, parfois brièvement, mais avec justesse. Et cette justesse, plus que n'importe quel discours appuyé, produit un effet réparateur. Elle dit : ce que tu vis est réel, tu n'es pas seul·e, tu n'as pas à avoir honte.

Le cœur de son message ne tient donc pas dans des slogans. Il tient dans une présence. Une manière d'être là, d'être soi, de permettre aux autres d'être eux-mêmes. Elle n'offre pas une solution. Elle propose un climat. Un espace où chacun peut, un instant, se sentir un peu mieux. Un peu plus à sa place. Un peu moins écrasé. Et ce geste, qui semble si simple, est en réalité d'une portée immense. Car l'estime de soi, lorsqu'elle est touchée, reconfigure toute la manière dont on vit, dont on aime, dont on crée.

Léna ne prétend pas être une thérapeute. Elle n'a pas de méthode miracle. Mais elle a une parole qui fait du bien. Une parole qui ne juge pas, qui ne pousse pas, qui ne culpabilise pas. Une parole qui ouvre des fenêtres, même minuscules. Et c'est peut-être cela, réparer l'estime : ne pas reconstruire d'un coup, mais commencer par entrouvrir. Par laisser passer un peu d'air. Par faire entrer la lumière dans les coins oubliés.

Elle le fait avec ses vidéos, bien sûr, mais aussi avec ses silences, avec ses choix, avec sa manière de dire non. En refusant certains projets, en affirmant ses limites, en prenant soin d'elle, elle montre aussi à son public qu'on peut se respecter sans se trahir. Qu'on peut grandir sans s'abîmer. Qu'on peut construire une carrière sans sacrifier son intégrité. Elle montre par l'exemple, sans jamais donner de leçon.

Et si elle touche autant, c'est peut-être parce que ce qu'elle répare chez les autres, elle le répare aussi en elle.

Son rapport à l'estime n'est pas vertical, mais horizontal. Elle n'est pas celle qui a trouvé l'équilibre et qui en parle. Elle est celle qui cherche, encore, chaque jour, à s'aimer mieux, à se comprendre mieux, à vivre mieux avec elle-même. Et dans cette sincérité partagée, chacun trouve un écho, une force, un chemin.

Ce que Léna dit de notre époque sans le dire

Léna Situations ne se présente pas comme une analyste de la société. Elle ne signe pas de tribunes, elle ne commente pas l'actualité politique, elle ne prétend pas diagnostiquer l'état du monde. Et pourtant, à travers ses gestes, ses choix, ses absences, ses silences, elle dit beaucoup de ce que nous vivons. Elle parle de notre époque sans chercher à la résumer. Elle en incarne les tensions, les rêves, les contradictions, les mutations, sans jamais les nommer frontalement. Et c'est peut-être pour cela que son message touche si juste : parce qu'il ne s'impose pas comme une vérité, mais se laisse sentir comme une atmosphère.

Léna raconte une époque où l'on est à la fois ultra-connecté et profondément seul. Une époque où l'on documente chaque instant mais où l'on doute de sa propre existence. Une époque saturée d'images, de messages, d'alertes, où l'essentiel se dilue parfois dans le flux. En filmant ses journées, ses gestes simples, ses routines, ses silences, elle oppose au vacarme un tempo différent. Elle propose une forme de ralentissement, une attention renouvelée aux choses les plus modestes. Elle dit, sans le dire, qu'on peut encore habiter le temps autrement.

Elle incarne aussi une génération fatiguée d'être comparée, jugée, évaluée. Une génération qui veut créer sans être enfermée, qui veut parler sans être catégorisée. Elle refuse les étiquettes, les injonctions, les caricatures. Elle ne cherche pas à entrer dans une case, ni à en sortir pour mieux en créer une autre. Elle existe dans l'entre-deux, dans la nuance, dans l'évolution permanente. Elle n'impose pas de modèle, elle explore des possibles. Et ce refus des discours rigides, cette recherche de souplesse, est un véritable marqueur de notre époque.

À travers elle, on voit aussi les effets d'un monde où l'image est omniprésente. Léna ne rejette pas l'image, elle l'habite. Elle la travaille. Mais elle en connaît les pièges. Elle montre que l'on peut aimer se montrer tout en gardant des choses pour soi. Que l'on peut construire une présence en ligne sans devenir prisonnier de son reflet. Ce qu'elle dit, sans le dire, c'est qu'il faut désapprendre à se regarder sans cesse pour réapprendre à se sentir. Elle ouvre un espace où l'image n'est plus un masque, mais une matière malléable.

Elle évoque aussi, par ses choix créatifs, une époque en quête de sens. Là où beaucoup produisent pour répondre à une demande, elle crée pour répondre à une nécessité intérieure. Elle ne suit pas le calendrier des tendances. Elle suit son propre rythme. Elle refuse l'injonction à l'actualité permanente, au commentaire immédiat. Elle choisit l'ancrage plutôt que la réactivité. Et dans ce geste, elle redonne de la valeur au temps, à l'attention, à la profondeur. Elle dit, par ses silences, que tout ne doit pas être dit tout de suite. Que l'essentiel demande parfois de l'attente.

Léna reflète aussi un rapport nouveau à la célébrité. Elle est reconnue, admirée, mais elle refuse la posture de star classique. Elle ne se place pas au-dessus. Elle refuse l'arrogance, les barrières, le langage désincarné. Elle continue à parler comme elle l'a toujours fait, avec la même voix, la même énergie. Et ce qu'elle montre là, c'est un désir d'égalité, de simplicité, de proximité qui traverse toute une génération. Elle n'idéalise pas la distance. Elle cultive la relation.

Ce qu'elle dit de notre époque, c'est aussi que l'intime est devenu un terrain politique. Non au sens militant, mais au sens existentiel. Parler de ses doutes, de son corps, de sa santé mentale, de sa peur de l'échec, c'est aujourd'hui une manière de résister. De poser une parole là où il n'y en avait pas. De légitimer ce qui était tu. Léna ne cherche pas à faire passer des messages. Mais elle fait advenir des espaces. Et ces espaces, dans lesquels chacun peut se reconnaître, sont des lieux de transformation silencieuse.

Elle dit, enfin, que l'on peut habiter le monde en douceur. Que l'on peut être fort sans être dur, visible sans être écrasant, inspirant sans être dominateur. Elle incarne une forme de leadership affectif, non hiérarchique, fondé sur la confiance et la vulnérabilité. Et dans une époque souvent marquée par le bruit, l'agressivité, la compétition, cette forme de douceur active a une portée considérable.

Tout cela, elle ne l'énonce pas. Elle ne le revendique pas. Elle le fait. Elle le vit. Et c'est peut-être là son geste le plus politique : exister autrement, sans jamais faire de sa manière d'exister un manifeste. Elle avance sans prétendre savoir. Elle montre sans imposer. Elle transforme sans bruit. Et ce silence-là, ce non-dit constant, ce refus d'énoncer ce que tout en elle exprime, est peut-être ce qui dit le plus juste notre époque.

Chapitre 10 – Ce qu'on retiendra d'elle

Une œuvre, pas un contenu

Il y a une confusion tenace qui entoure les créateurs et créatrices de la sphère numérique : on les enferme dans la catégorie du "contenu". Comme si ce qu'ils produisaient n'était qu'un flux, une matière interchangeable, destinée à remplir les plateformes, à nourrir les algorithmes, à occuper le temps des spectateurs. Le mot même de "contenu" réduit la création à une fonction : remplir. Or, ce que fait Léna Situations depuis ses débuts n'a jamais consisté à remplir quoi que ce soit. Elle ne produit pas du contenu. Elle construit une œuvre.

Ce mot — œuvre — peut paraître fort, voire inadapté, lorsqu'on parle de vidéos postées sur YouTube, de vlogs, de stories. Et pourtant, c'est le mot juste. Car Léna n'enchaîne pas des formats au hasard. Elle ne répond pas mécaniquement à des tendances. Elle ne publie pas pour publier. Elle tisse. Elle agence. Elle construit un univers, un style, une voix, une continuité. Elle explore des formes, elle affine une manière de raconter, elle cherche ce qui émeut, ce qui fait sens, ce qui reste. Et cette exigence silencieuse est la marque des véritables autrices.

Son œuvre est faite de morceaux : des vidéos, des textes, des images, des silences. Elle est éclatée, dispersée, non linéaire. Mais elle possède une cohérence profonde. Une cohérence de ton, de regard, de sensibilité. Ce qu'elle raconte à travers ses projets successifs, ce n'est pas un enchaînement de thèmes ou d'opérations médiatiques. C'est une vision du monde. Un rapport à soi, aux autres, au temps, à l'émotion, à la création. Une vision qui évolue, qui se nuance, qui s'épure, mais qui garde une direction. Et cette direction, on peut la lire comme le fil conducteur d'un récit en construction.

Léna est une raconteuse. Mais elle est aussi une monteuse, une cadreuse, une scénariste. Elle maîtrise toutes les strates de son travail, et cela lui permet de signer chaque pièce comme un fragment de son univers. Il y a, dans ses vidéos, une signature reconnaissable. Pas seulement dans les musiques ou les effets visuels, mais dans l'attention portée aux détails, dans la manière de poser un regard, de construire un moment. Elle fait de chaque vidéo un objet. Un objet pensé, composé, sensible. Et cela suffit à faire d'elle une artiste.

Son œuvre est aussi traversée par des motifs : la confiance, le doute, l'amitié, la solitude, l'angoisse, la joie, la lumière, l'intime, la mémoire. Ces motifs reviennent, se déplacent, se réécrivent. On pourrait dire qu'elle travaille ses obsessions. Qu'elle les transforme. Qu'elle les apprivoise par la narration. C'est cela, créer une œuvre : ne pas poser des thèmes à la suite, mais travailler, encore et encore, les mêmes lignes sensibles, avec de nouvelles couleurs, de nouvelles formes, de nouvelles nuances.

Elle a aussi su s'inscrire dans une durée. Là où tant de figures numériques cherchent à maximiser l'effet immédiat, Léna construit lentement. Elle accepte les silences, les pauses, les absences. Elle ne cherche pas à tout dire tout de suite. Elle fait confiance au temps. Elle construit une relation durable avec son public, fondée sur autre chose que la visibilité permanente. Et cette durée donne à son travail une profondeur qui le distingue de la simple production de "contenus". On ne la suit pas seulement pour voir. On la suit pour comprendre, pour ressentir, pour traverser quelque chose avec elle.

Ce qui donne à son œuvre une telle portée, c'est aussi la manière dont elle parle à son époque. Elle capte des signaux faibles, elle les transforme en récits. Elle met en mots, en images, en musique, des choses que beaucoup vivent sans savoir comment les dire. Elle crée un miroir. Un miroir doux, bienveillant, parfois drôle, parfois mélancolique. Et ce miroir ne renvoie pas seulement un reflet. Il aide à se voir autrement. À se reconnaître. À s'estimer. À se construire.

Son œuvre ne repose pas sur des moyens spectaculaires. Pas de budgets énormes, pas d'effets massifs, pas de production lourde. Mais elle repose sur une rare intelligence de la forme. Une capacité à faire parler les silences, à donner du poids à une image simple, à faire vibrer une émotion en trois secondes. Cette économie de moyens, portée par une exigence esthétique et narrative, est ce qui fait la valeur de son travail. Elle rappelle que la création n'a pas besoin d'être tapageuse pour être profonde.

Léna Situations restera sans doute, dans les années à venir, comme l'une des premières créatrices à avoir su affirmer que le numérique peut être un lieu d'art. Non un art figé, institutionnalisé, sacralisé, mais un art vivant, mouvant, accessible, ancré dans le quotidien. Elle a montré que YouTube pouvait être une galerie, une scène, un atelier, un laboratoire. Et que l'on pouvait y produire non pas simplement de l'attention, mais de la beauté.

Ce qu'on retiendra d'elle, au fond, ce ne sont pas seulement des vidéos. Ce sont des émotions. Des instants. Des fragments de sens. Une présence qui répare, qui inspire, qui éclaire. Et ces traces, parce qu'elles ont été pensées, aimées, façonnées, composent ce que l'on doit bien appeler une œuvre. Une œuvre née dans le flux, mais faite pour durer.

Une voix qui a accompagné, consolé, transformé

Il y a des voix qui se contentent de parler, et d'autres qui accompagnent. Léna Situations, depuis ses premières vidéos jusqu'à ses dernières prises de parole, a su installer une voix singulière. Une voix qui ne cherche pas à convaincre, mais à être là. Une voix qui ne surplombe pas, mais qui se place au même niveau. Une voix qui, plus que tout, reste. Reste dans les mémoires, dans les silences des soirs d'angoisse, dans les matins hésitants, dans les moments de solitude ou de joie fragile. Une voix qui a accompagné, consolé, transformé.

Ce n'est pas une voix qui donne des ordres. Ce n'est pas une voix qui assène. C'est une voix proche, presque intime, même quand elle s'adresse à des millions. Une voix qui parle comme on écrirait une lettre à une amie. Une voix qui prend le temps, qui hésite parfois, qui respire. C'est ce ton-là qui a construit un lien si fort avec celles et ceux qui la suivent. Un lien qui ne tient pas à l'intensité d'un message, mais à la fidélité d'une présence.

Accompagner, c'est être là quand il n'y a pas grand monde. Léna l'a été pour beaucoup. Dans ses vidéos, dans ses livres, dans ses silences aussi. Elle a été une présence régulière, apaisante, une sorte de refuge numérique pour une génération souvent trop exposée, trop sollicitée, trop pressée. Elle n'a pas promis de solutions. Elle n'a pas livré de mode d'emploi. Mais elle a montré que l'on pouvait traverser des choses ensemble, en les racontant, en les vivant, en les transformant.

Cette capacité à consoler ne vient pas d'une posture thérapeutique. Elle vient d'un regard. D'une attention aux détails, aux émotions, aux micro-événements. Léna n'a jamais cherché à guérir les autres. Elle a simplement raconté, partagé, tendu la main. Et dans ce geste simple, il y avait déjà une forme de réparation. Elle a montré qu'il était possible de ne pas aller bien, et de le dire. Qu'il était possible de douter, et d'en faire quelque chose. Que l'on pouvait pleurer, et continuer.

Beaucoup de jeunes, surtout, ont trouvé dans ses mots une légitimité nouvelle. Celle de ressentir. Celle d'exister autrement. Celle de ne pas correspondre à ce que l'on attend. Elle n'a pas été un modèle à copier. Elle a été une présence qui autorise. Une voix qui dit : tu peux, toi aussi, être comme tu es. Et ce "tu peux", glissé entre deux anecdotes, entre deux plans de montage, a fait plus que bien des discours. Il a allégé des fardeaux invisibles. Il a ouvert des possibles.

Transformer, chez Léna, n'a jamais voulu dire bouleverser. Cela a toujours été un travail lent, diffus, presque imperceptible. Ses vidéos ne cherchent pas à faire effet. Elles laissent une empreinte. On ne sort pas transformé d'un visionnage comme on le serait d'un choc. Mais au fil du temps, quelque chose change. Une manière de se parler à soi. Une manière de regarder les autres. Une manière de vivre le quotidien. Et ce changement-là, parce qu'il est doux, est souvent plus profond qu'on ne le croit.

Sa voix a aussi permis de transformer la perception que beaucoup avaient d'eux-mêmes. Elle a offert un miroir où l'on pouvait se voir autrement. Moins dur, moins exigeant, moins cassant. Elle a contribué à rééduquer l'estime, à reconstruire un rapport plus juste au corps, à la parole, à la fragilité. Et cela, dans un monde numérique souvent violent, est une forme de courage. Le courage de la tendresse.

Léna n'a jamais prétendu incarner un idéal. Elle a montré ce que c'est que de grandir, de créer, de se chercher, dans un monde qui regarde tout. Elle a donné de la valeur aux tâtonnements, aux hésitations, aux instants minuscules. Elle a transformé le quotidien en matière à penser, à ressentir, à partager. Et cette manière de redonner du poids à la vie simple est en soi une transformation culturelle.

Ce qu'on retiendra d'elle, ce n'est pas un message unique, un slogan, une injonction. Ce sera une voix. Une voix qui a accompagné sans diriger, consolé sans minimiser, transformé sans imposer. Une voix qui a fait du bien, discrètement, durablement. Une voix qu'on reconnaît entre mille, non par son timbre, mais par ce qu'elle fait en nous.

Et peut-être est-ce cela, le plus grand accomplissement de Léna Situations : avoir su devenir cette voix-là. Une voix qui reste, longtemps après que l'écran est éteint.

Ce qu'elle aura permis : rôle-modèle, miroir, point de départ

Il y a des personnalités publiques qui impressionnent, et d'autres qui ouvrent. Léna Situations fait partie de celles qui ouvrent. Elle ne s'est jamais contentée d'occuper une place. Elle en a dégagé pour les autres. Elle ne s'est pas mise sur un piédestal. Elle a construit une rampe d'accès. Son parcours, son style, sa voix, tout ce qu'elle a incarné a permis à d'autres de se lancer, de s'oser, de se rêver différemment. Ce qu'elle aura permis ne se mesure pas en influence au sens quantitatif. Cela se mesure en permission donnée, en étincelles allumées, en trajectoires déclenchées.

Elle a été, pour beaucoup, un rôle-modèle. Pas au sens d'un modèle figé qu'il faudrait suivre à la lettre, mais au sens d'une figure d'identification possible. Quelqu'un qui montre qu'on peut réussir en restant soi. Qu'on peut être vue sans se travestir. Qu'on peut créer sans plaire à tout le monde. Elle n'a pas dit : "regardez ce que j'ai accompli". Elle a dit, implicitement : "vous pouvez le faire aussi, à votre manière". Et dans cette posture non prescriptive, elle a ouvert une brèche. Elle a montré que les chemins nouveaux ne sont pas réservés à une élite.

Ce rôle-modèle est d'autant plus fort qu'il est incarné dans une sensibilité, une sincérité, une vulnérabilité assumée. Léna n'a jamais prétendu avoir tout compris. Elle a partagé ses essais, ses erreurs, ses tâtonnements. Elle a montré les coulisses, les hésitations, les moments de vide. Et c'est précisément cela qui a rendu son exemple si puissant : elle a donné à voir un parcours en construction, non une réussite terminée. Elle a montré qu'on pouvait se lancer sans être prêt. Qu'on pouvait créer sans tout maîtriser. Qu'on pouvait commencer, et voir ensuite.

Mais au-delà du modèle, Léna a surtout offert un miroir. Un miroir dans lequel des milliers de personnes se sont vues autrement. Un miroir qui ne juge pas. Qui ne renvoie pas une image idéalisée, mais une image accessible. Elle a parlé de ses complexes, de ses doutes, de ses limites. Et ce faisant, elle a validé ceux des autres. Elle a brisé l'illusion de la perfection obligatoire. Elle a rendu visible une beauté différente, une réussite plurielle, une humanité complète. Ce miroir-là, dans un monde saturé d'images normatives, a été pour beaucoup un début de réconciliation.

Et pour d'autres, encore, elle a été un point de départ. Le point à partir duquel on se dit : "moi aussi, je peux". Pas nécessairement pour devenir youtubeuse ou influenceuse, mais pour tenter quelque chose. Pour créer, pour parler, pour s'exprimer, pour chercher une voix. Elle a montré qu'un projet personnel pouvait prendre de l'ampleur. Qu'un regard singulier pouvait trouver son public. Elle a désacralisé la réussite, sans la banaliser. Et cette désacralisation a permis l'élan. L'essai. Le premier pas.

Ce qu'elle aura permis, c'est aussi de redéfinir ce qu'est une figure publique. Moins distante, moins lisse, moins verrouillée. Plus proche, plus réelle, plus mouvante. Elle a contribué à transformer les attentes : on n'attend plus d'un créateur qu'il incarne une perfection inaccessible, mais une trajectoire authentique. Et cette transformation, elle l'a portée sans bruit, sans révolution de façade. Elle l'a incarnée, tout simplement, en vivant son métier à sa manière.

Elle aura aussi permis à beaucoup de jeunes femmes de se sentir légitimes. Dans des univers encore souvent dominés par des codes masculins, techniques, autoritaires, Léna a proposé une autre manière de créer. Une manière où l'émotion n'est pas un défaut, où l'esthétique n'est pas secondaire, où la douceur n'est pas une faiblesse. Elle a redonné du poids à l'intime, à la narration, à la voix personnelle. Et cette revalorisation a eu des effets concrets : de nouvelles voix sont apparues, de nouveaux formats ont émergé, de nouvelles sensibilités ont trouvé leur place.

Enfin, ce qu'elle aura permis, c'est un espoir. L'espoir qu'on peut encore, dans un monde saturé, dire quelque chose de neuf. Qu'on peut toucher les autres sans les manipuler. Qu'on peut construire sans détruire. Qu'on peut exister sans s'imposer. Léna n'a jamais promis le bonheur. Mais elle a montré que la création, le lien, le récit peuvent être des appuis solides. Des points d'ancrage. Des départs.

Et cet héritage, fait de gestes minuscules, de choix doux, d'élans discrets, est peut-être ce qui restera le plus longtemps. Car ce qu'on retient d'une vie publique, ce n'est pas seulement ce qu'elle a produit, mais ce qu'elle a permis. Et Léna aura permis à beaucoup d'exister un peu plus librement.

Ce qui restera, même quand elle se taira

Un jour viendra, sans doute, où Léna Situations se fera plus rare. Où elle choisira de ne plus parler autant, de ne plus se montrer, de passer à autre chose. Ce jour-là ne sera pas une disparition. Ce sera une transition, un retrait doux, un nouveau chapitre. Car Léna n'a jamais conçu sa présence publique comme une occupation définitive du devant de la scène. Elle l'a vécue comme un moment, un espace ouvert, un lieu de création partagé. Et quand elle se taira, quelque chose d'elle continuera à résonner. Ce qui restera, ce ne seront pas seulement des vidéos, mais des effets. Des transformations silencieuses. Des échos dans d'autres voix.

Ce qui restera, c'est d'abord une manière de parler. Un ton. Une musicalité. Une forme d'adresse directe, simple, bienveillante, qui a touché des milliers de personnes sans jamais chercher à s'imposer. Léna a inventé une voix qui n'était pas une performance, mais une présence. Une voix qui n'a pas besoin de se faire entendre pour exister encore. Ceux qui l'ont écoutée sauront la reconnaître ailleurs, chez d'autres, dans une phrase, un geste, une façon de raconter. Cette voix-là a fondé une lignée.

Ce qui restera aussi, c'est une esthétique. Un regard sur les choses, sur les corps, sur les instants. Une manière de filmer une matinée banale ou une émotion discrète, de faire exister la beauté sans artifices, de transformer la quotidienneté en récit. Elle a imprimé une manière de faire, un style de montage, un équilibre subtil entre le silence et la parole. Même si ses vidéos s'effaçaient, ce style continuerait à circuler, à inspirer, à influencer d'autres formes. Elle a marqué une époque par le soin porté aux détails.

Mais au-delà de la forme, ce qui restera surtout, c'est ce que sa présence a rendu possible chez les autres. Des façons nouvelles de se percevoir, de s'exprimer, de croire en soi. Ce sont ces transformations discrètes, presque invisibles, qui constituent le vrai legs d'une voix publique. Elles n'ont pas de trace précise, pas de mesure claire. Et pourtant, elles sont immenses. Léna a fait du bien. Elle a aidé des gens à respirer, à s'aimer, à commencer. Ces gestes-là ne disparaissent pas. Ils se transmettent.

Elle laissera aussi une mémoire collective. Celle d'une époque, d'une génération, d'un moment où tout changeait très vite, où l'on cherchait des repères, où le numérique devenait un territoire à apprivoiser. Léna a été l'une des premières à en faire un lieu habitable, humain, sensible. Elle a montré qu'on pouvait vivre dans la lumière sans s'y brûler, qu'on pouvait raconter sa vie sans se perdre, qu'on pouvait réussir sans trahir ce qu'on est. Et cette mémoire, tissée dans des milliers de souvenirs personnels, survivra à sa voix.

Enfin, ce qui restera, c'est une idée. L'idée qu'il est possible d'être soi, vraiment, sans bruit, sans arme, sans masque. Que la douceur peut être une force. Que la narration peut être un refuge. Que la création peut être un soin. Léna n'a jamais fait de théorie. Mais elle a incarné cette idée avec une telle intensité tranquille qu'elle est devenue contagieuse. Ce qu'elle a semé n'est pas fini. C'est à peine commencé.

Un jour, elle se taira. Elle aura peut-être d'autres projets, d'autres engagements, d'autres formes. Mais sa parole, elle, continuera à vivre ailleurs. Dans les phrases qu'on se dit à soi-même. Dans les voix de celles et ceux qu'elle aura inspirés. Dans les silences qu'elle aura rendus légitimes. Ce qui restera, ce ne sera pas un monument. Ce sera un souffle.

Et ce souffle-là, rien ne pourra l'effacer.

Table des matières